AF242134

DE LA POSSIBILITÉ

D'UNE

VASTE COLONISATION

DANS

L'OCÉANIE

DE LA
POSSIBILITÉ

D'UNE

VASTE COLONISATION

DANS

L'OCÉANIE

Par A. GANDIN

Allez et instruisez les Nations.

J ÉSUS-CHRIST.

Cherchez la vérité, ne dussiez-vous ne la
trouver qu'aux extrémités du monde.

M AHOMET.

<hr>

PARIS

TYPOGRAPHIE MORRIS ET COMPAGNIE

Rue Amelot, 64

1868

DÉDICACE

A Sa Majesté l'Empereur Napoléon III, *qui a rendu à la France la position maritime qui lui convient et qu'elle avait malheureusement perdue, je dédie ce livre comme un hommage respectueux*

De son dévoué

et fidèle sujet,

A. GANDIN.

PRÉFACE

Démontrer l'utilité des voyages est chose inutile, aujourd'hui que les faits accomplis plaident plus en leur faveur que tout ce qui a été dit sur ce sujet et que tout ce que l'on peut dire par la suite. Mais l'application pratique et donnant un résultat d'utilité particulière à une nation, et générale au monde civilisé, peut encore recevoir un grand développement. Les expéditions scientifiques faites, il y a quelques années, par l'Angleterre et la France, et actuellement par la Société géographique italienne, sont en tous points dignes de notre admiration ; seulement elles n'ont eu pour résultat, quant à nous, que l'exécution de magnifiques travaux hydrographiques, tandis que pour l'Angleterre, elles lui ont donné la suprématie dans le Grand-Océan. Nous n'avons donc que la gloire, tandis que nos voisins ont la gloire et le profit.

Est-il, oui ou non, possible de rétablir l'équilibre sans troubler la paix de l'Europe?

C'est la question qui vient naturellement à l'esprit après avoir lu l'histoire des hardis navigateurs modernes qui nous firent connaître notre planète. L'affirmative ne peut laisser aucun doute, et c'est ce que j'espère avoir prouvé dans ce livre.

Les voyages faits sous l'impulsion d'une pensée généreuse, ou bien ceux qui sont la suite d'un élan patriotique, ont laissé, dans l'histoire, une marque ineffaçable qui frappe d'autant plus que le bien qu'ils ont produit a toujours été considérable ; tandis que ceux qui ne sont dus qu'à l'ambition du prince ou à la cupidité de quelques aventuriers n'ont rapporté au monde non-seulement que ruine, misère, esclavage et mort, mais encore le déshonneur à la nation et aux aventuriers qui les ont accomplis. Ainsi la *Bible*, dont l'importance historique est aussi grande que celle qui lui est donnée par notre point de vue religieux, nous montre *Moïse* arrachant les *Hébreux* aux fers des *Égyptiens*. Ce voyage à travers le désert arabique prépare le drame sublime du *Calvaire*, la grande révolution de la *Rédemption* et la fraternité des peuples dans une religion de vertu, de douceur et d'amour, qui fait fuir devant elle et rentrer dans le néant les cultes du sang et de l'impureté. Les pérégrinations que font les sages de la *Grèce* pour aller étudier les systèmes philosophiques et les lois de l'*Orient* nous ont permis de poser les bases de notre législation. Après la mort du *Christ*, les apôtres, soutenus par une ardeur divine, vont partout sur la terre répandre la parole de *Dieu*, et la civilisation moderne, avec ses beautés et ses splendeurs, prend naissance sous leurs pas. Pendant le *moyen âge*, il semble que les peuples doivent être à jamais séparés. Alors, du fond de l'*Arabie*, le *Prophète* proclame la nouvelle croyance. Sortis du fourreau par le fanatisme, les yatagans brillent au soleil, et la monarchie des *Perses* s'écroule, *Constantinople* chancelle, la *Terre Sainte* est conquise, et le nouveau monde est attaqué dans ses croyances. L'*Europe* s'émeut au récit de quelques pauvres voyageurs; le cri : Dieu le veut ! retentit dans tout l'*Occident* et roule jusqu'en *Orient*, entraînant derrière lui des millions de guerriers de toutes les nations chrétiennes. Trois siècles de combats ont rapproché des peuples naguère inconnus les uns des autres. Alors naissent les républiques d'*Italie* : *Amalfi*, *Florence*, *Gênes*, *Pise* et la reine de l'*Adriatique*. Elles couvrent les mers de leurs nombreux vaisseaux, le commerce les enrichit et les rend puissantes, et la connaissance générale de notre terre se prépare. Enfin, poussés par un noble élan, nos pères ont fait le tour de l'*Europe* et fondé l'empire de la liberté, qui doit régénérer notre vieux monde.

Tandis que des nombreux voyages d'*Alexandre le Grand*, du *Peuple Roi* et des conquérants espagnols et portugais des quinzième et seizième siècles il n'est rien resté, sinon le souvenir triste que donne toujours la pensée de la mort et de l'esclavage imposé par le plus fort au plus faible, sans compter que la postérité condamne et flétrit ceux qui les ont exécutés.

Loin de nous donc toute pensée de conquête par la force. Parcourons le monde pour augmenter notre science ; allons et instruisons lés peuples plus arriérés que nous, selon la pensée du divin fondateur de notre religion. Ne nous imposons pas ; mais faisons en sorte de faire naître chez les hommes que nous visiterons les sentiments qu'un disciple éprouve pour un maître bon et prévoyant, lequel l'initie aux connaissances humaines qui rendent l'âme meilleure et la vie matérielle plus facile. Alors notre influence et notre empire s'étendront partout et seront plus forts que l'empire et l'influence des autres nations qui n'ont pas encore suivi cette voie.

Tel est notre programme et telle est la méthode que nous nous proposons d'appliquer.

Cette application est d'autant plus facile aujourd'hui que, dans ces dernières années, la France, guidée par une main puissante, a reçu une impulsion qu'elle n'avait pas encore ressentie. Notre industrie, notre commerce sont florissants, nos relations s'étendent sur le monde entier, et notre puissance coloniale semble renaître à une nouvelle vie de grandeur et de prospérité. Profitons donc de cette situation favorable que nous devons à notre gouvernement, pour nous lancer, tout en modifiant leurs idées, sur les traces des *Jean Ribault,* des *Lodonnière,* des *Gilbert,* et, plus récemment, des comtes de *Raousset-Boulbon* et *du Bisson.* Plus tard, les terres susceptibles de recevoir l'é-lément français seront occupées par les nations qui, les premières, se seront jetées en avant, et il ne nous restera plus que la gloire scientifique, peu productive, comme je l'ai déjà dit, que nous ont donnée nos belles expéditions autour du monde.

Je propose donc à *Sa Majesté l'Empereur Napoléon III*

et à mon pays un projet de colonisation dont ce travail donne le développement, la preuve de la possibilité, et montre les avantages que la France peut en retirer.

Coloniser! Mais la *France* le peut-elle? A-t-elle pour cela le génie colonisateur de l'*Angleterre*? C'est ici la plus grande objection qui puisse être faite. Aussi me suis-je attaché à démontrer que la *France* est peut-être plus colonisatrice que les autres nations ou au moins autant; qu'elle peut coloniser sans qu'il en puisse naître la guerre avec une nation européenne, mais, au contraire, un lien de paix formé par les nouveaux intérêts qui en résulteront pour tous. C'est ce qui fait l'objet de la première partie.

Puisque nous pouvons coloniser et que nous pouvons le faire sans troubler la paix de l'Europe, où devons-nous arborer les couleurs nationales? La réponse à cette question forme la seconde partie de cet ouvrage, où nous indiquons comme lieux favorables Bornéo, la Nouvelle-Guinée ou Papouasie, et une partie de l'Australie. L'étude de ces trois terres est faite aussi complétement que le permettent les derniers documents parvenus en *Angleterre* et en *Hollande*, et amène la conclusion, qui est, pour la *France*, la possibilité de les occuper, sinon toutes les trois, du moins une.

Ce livre est loin d'être parfait. Je prie *Sa Majesté* de ne pas voir les fautes, mais seulement l'ardent désir que j'ai de la servir et de donner à mon pays la gloire, la puissance et les richesses que je crois pouvoir lui procurer. L'expérience, en beaucoup de choses, doit me manquer, mais je compte sur l'indulgente bienveillance de *Sa Majesté* pour lire ce travail, résultat d'études longues et sérieuses, pour porter un jugement sur moi et me mettre à même de la servir selon les aptitudes qu'elle m'aura reconnues.

Paris, le 3o Novembre 1868.

PREMIÈRE PARTIE

HISTOIRE ET PHILOSOPHIE

CHAPITRE PREMIER

Du génie colonisateur en France.

DE LA POSSIBILITÉ

D'UNE

VASTE COLONISATION

DANS

L'OCÉANIE

CHAPITRE PREMIER

Du génie colonisateur en France.

Dans notre belle patrie, dès qu'une voix s'élève du sein de la ville ou de la province pour proposer un projet de colonisation, un cri universel la couvre aussitôt et l'étouffe. Ce cri, répété machinalement par une foule qui n'en comprend pas l'importance et que la force d'habitude éternise, est : *Que nous importe? la France n'a pas le génie colonisateur!* Alors tout est dit, le projet est rejeté avec ou sans examen, et l'on ne cherche pas à approfondir ce jugement, qui continue à vivre comme un article de foi. Cependant rien n'est plus injuste que cette affirmation, puisque, n'en déplaise à beaucoup, il est facile de voir, avec un peu de réflexion, que nous possédons ce génie, même à un degré supérieur. Seulement, pour se développer et briller au grand jour, il lui faut une protection constante et forte de la part du gouvernement, protection qu'il n'a que rarement trouvée. Aussi, pour ainsi dire, est-il resté à l'état latent, tout en donnant de temps en temps des signes certains de son existence.

Quelque roi ou quelque ministre a-t-il encouragé et soutenu son développement, aussitôt un éclair de ce génie a traversé le monde et lui a montré les *Antilles*, le *Canada*, le *Carnatique* et l'*empire des Indes*, l'*Ile de France* et la *Réunion*.

Qu'une impulsion continue, qu'une protection efficace lui vienne en aide, et il se révélera aux nations étonnées par la conquête des mers.

C'est ce que l'avenir nous montrera avec l'*Algérie* impériale, dans laquelle plus l'on va, plus l'on découvre de richesses et d'éléments de prospérité (1).

Par sa position, l'*Algérie* peut donner à la France tout ce

(1) Les Caolins de Souk-el-Arba, près de l'Oued Sébaou.

Les marbres de Djebel-Pharaoun, où l'on a, dit-on, rencontré aussi des émeraudes et autres pierres précieuses.

qui vient sous toutes les latitudes et faire qu'elle puisse se passer des autres nations pour ses besoins. Mais combien plus forte serait-elle encore si non-seulement elle pouvait se passer de tous, mais encore les rendre tributaires en se créant une position assez forte dans la *Malaisie* pour monopoliser les matières premières de tous les commerces qui y existent, qui font vivre le monde entier et sont surtout nécessaires à la *Chine,* laquelle regarderait à deux fois avant de rien faire contre nous, puisque nous pourrions, quand nous le voudrions, la priver de ses friandises comme un maître prive de nourriture un élève indiscipliné !

Là est l'avenir, mais comme le passé en diffère !

L'esprit est saisi de tristesse en lisant l'histoire coloniale de la France. Dans cette histoire, on voit constamment les efforts de la nation pour développer ses tendances, ou, pour mieux dire, on voit partout son génie la pousser à détruire les entraves qui l'enchaînent, et venir se briser contre l'apathie, la lâcheté ou l'impuissance des gouvernements. La preuve de cette vérité ne se trouve-t-elle pas dans l'histoire de *La Bourdonnaye* à la *Réunion,* à l'*Ile de France* et aux *Indes ;* dans celle de *Dupleix* dans le *Dekkan ;* dans celle de *MM. de Montcalm, de Vaudreuil* et *de Levis* au

Canada, et enfin dans celle de notre infortuné *Lally To-
lendal* aux *Indes?* Que conclure de là, sinon que ce n'est
pas la France qui manque de génie colonisateur, mais que
c'est la *rogauté* qui n'a pas su ou pu lui donner la protection et l'impulsion nécessaire au développement de ce
génie.

« Voilà, disent quelques-uns de ceux qui le nient, une
distinction qu'on ne saurait admettre. Si l'on veut qu'un
peuple soit absous des fautes commises par tel ou tel des
princes ou des ministres qui ont présidé à ses destinées, il
n'y a pas de raison pour lui faire honneur des grandes
choses accomplies et des succès obtenus par d'autres
princes et d'autres ministres. Il faut, ou repousser toute
solidarité entre un peuple et ses chefs, ou accepter cette
solidarité dans le mal comme dans le bien, dans la défaite
comme dans la victoire, dans les revers comme dans la
bonne fortune. Or, le dernier parti est celui qu'indique la
saine philosophie historique (1). »

Cet argument est juste quant à la conséquence matérielle des faits d'un gouvernement lorsqu'il est représen-

(1) ARTHUR MANGIN. *Les Colonies Françaises.*

tatif; mais comment admettre ce principe avec le régime despotique de nos anciens rois, alors que la nation et ses aspirations n'étaient rien? Cette nation, qui possédait ces aspirations, pouvait-elle être solidaire de chefs qui ne les possédaient pas et dont la volonté et le caprice étaient tout?

La France, dites-vous, n'est pas colonisatrice parce que Louis XV n'était pas colonisateur; elle n'est pas colonisatrice parce que, ne s'occupant pas de marine, ce roi perdit nos colonies. Mais alors, par la même raison, vous êtes forcément amenés à déclarer la nation française mauvaise guerrière et même lâche parce que le gouvernement de Louis XV était lâche et mauvais guerrier; ce qui serait absurde et en contradiction avec l'histoire nous montrant constamment la France pourvue de qualités éminemment guerrières même avec de mauvais chefs, et fortement colonisatrice même sans marine.

Est-ce la faute de la nation française, dont le génie colonisateur avait su lui donner l'empire des *Indes* après y avoir abattu la puissance anglaise, si le roi est alors venu dire : Je ne veux pas que les Français règnent en Asie? Mes sujets usurpent mes droits en faisant une conquête en dehors de moi. Et comme le roi était alors le maître;

comme l'État c'était lui et non la nation; comme il lui importait peu que telle ou telle chose arrivât après lui, la France remit sa puissance aux Anglais (1), dont le gouvernement plus éclairé encouragea les entreprises, non-seulement par des priviléges, mais encore par le trésor public. Dans les deux pays la nation avait mêmé génie, mêmes aspirations; mais en France régnait un roi d'un absolutisme étouffant; tandis qu'en Angleterre, c'était l'Angleterre qui régnait.

Sans cesser de posséder la saine philosophie historique, nous pouvons donc, si nous n'occupons pas la place que nous devrions occuper comme puissance coloniale, en rejeter entièrement le tort sur la *Royauté*, et non sur la nation française, dont les navigateurs ont de tout temps devancé les *Portugais*, les *Espognols*, les *Hollandais*, les *Anglais*, et parcouru les mers. Réduits à leurs propres forces, ils n'ont rien pu exécuter; et lorsque la réussite aurait pu couronner leurs efforts colonisateurs, ils sont venus se briser contre la volonté despotique et étroite ou la jalousie du gouvernement.

Si maintenant nous eximinons des faits, nous trouverons

(1) Traité de 1754.

une preuve irrécusable que nous aussi nous pouvons coloniser puisque nous l'avons déjà fait bien avant les Anglais
et les autres puissances maritimes.

L'histoire nous montre, en 1402, *Jean de Bethancourt*,
seigneur normand, chambellan de Charles VI, faisant la
conquête des *îles Canaries;* et des navigateurs dieppois,
vers la même époque, fondant la colonie du *Petit Dieppe*
sur les côtes de *Guinée*.

Du premier de ces faits résulte pour nous la gloire
d'avoir été la cause incontestable des découvertes qui se
firent par la suite. En effet, *Bethancourt* mérite dans
l'histoire de la navigation une place au moins égale à
celle de *Colomb* et de *Gama*, surtout quand on considère
que ces deux derniers navigateurs firent leurs découvertes
bien longtemps après Bethancourt et avec toute la protection de leur gouvernement, tandis que notre héros
normand était seul, sans appui que lui-même et sa fortune.
Ce valeureux gentilhomme, comme l'appelle *Humboldt*,
explora, dans les intervalles de ses conquêtes, la côte
d'*Afrique* jusqu'au sud du cap *Bojador*, que les *Portugais*

se sont longtemps enorgueillis d'avoir passé les premiers, plus de trente ans après (1).

Mais la conquête des *Canaries*, à cause de ses consé-quences futures, est peut-être le plus beau titre de gloire de *Jean de Bethancourt*.

Gonzalès de Illescas, dans son *Histoire Pontificale*, fait remarquer que cette conquête aida grandement à la décou-verte du *Nouveau Monde*, ces îles servant d'escales très-commode pour une si longue navigation (2).

L'*Islande*, les *Açores* et les *Canaries*, dit de Humboldt, sont les points d'arrêt qui ont joué le rôle le plus impor-tant dans l'histoire des découvertes et de la civilisation, c'est-à-dire dans la série des moyens qu'ont employés les peuples de l'Occident pour entrer en rapport avec les parties du monde qui leur étaient restées inconnues (3).

(1) Les Portugais, dit M. d'AVEZAC, ne parvinrent à doubler le cap *Bugeder* (*Bojador*) qu'en 1434, après des tentatives vainement réitérées pendant plus de douze ans; tandis que *Bethancourt* avait fait au sud du cap, une quarantaine d'années auparavant, une expédition. (Notice des découvertes faites au moyen âge, dans l'Océan Atlantique, antérieurement aux grandes expéditions Portu-gaises du quinzième siècle. Paris 1845).

(2) *Histoire Pontificale*. — GONZALÈS DE ILLESCAS. Édition Bergeron.

(3) HUMBOLDT. *Histoire de la Géographie du Nouveau Continent*, tome II, page 56. — Quelques lignes plus loin, page 57, l'auteur appelle ces îles les avant-postes de la civilisation européenne; des points d'attente et d'espérance.

On peut donc dire que *Jean de Bethancourt* fit les premières étapes des deux immortelles navigations de *Colomb* et de *Gama,* dont l'honneur, comme nous allons le voir, pourrait bien encore revenir à la France.

C'est par là que notre génie, brillant malgré les malheurs de ce siècle, la folie de *Charles VI* et la *Guerre de Cent Ans,* donnait naissance au génie maritime et colonial des autres nations.

Franchissons ces temps où la France cherche à chasser l'Angleterre et à constituer sa nationalité, et nous trouvons que, dans les années 1488 et 1489, il se fit une expédition, qui n'était pas la première de ce genre, sous les ordres du capitaine *Cousin* de *Dieppe.* Il partit sur un navire de cette ville, le *Saint-Jean,* à bord duquel commandait en second *Charles Ango,* père de *Jean Ango,* qui, sous François Ier, s'illustra par ses expéditions maritimes aux *Indes,* ses richesses et son bombardement de *Lisbonne.*

Cette expédition est constatée par les *Mémoires chronologiques pour servir à l'Histoire de Dieppe et de la Navigation française,* par *Desmarquets ;*

Par les *Recherches sur les voyages et les découvertes des navigateurs normands*, par *L. Estancelin* ;

Par l'*Histoire de Dieppe*, de *Vitet* ;

Par le *Bulletin de la Société de Géographie*, tome XXVIII, page 180 ;

Et enfin par les *Trois Mondes*, de *La Popelinière*.

Il y a dans ces divers ouvrages trois points d'une importance très-grande, et qui, bien prouvés, changeraient en fausseté trois faits qui sont dans la croyance de tous.

Dans ce voyage de 1488 à 1489, *Cousin* aurait eu le triple honneur d'avoir précédé *Christophe Colomb* de quatre ans dans la découverte de l'Amérique ; *Vasco de Gama*, de neuf ans dans celle du passage qui conduit d'*Afrique* aux *Indes ;* et *Cabral,* de douze ans dans la découverte du Brésil.

La relation du voyage de *Cousin* avait, ont assuré tous ses compatriotes, été officiellement consignée au greffe de l'amirauté de *Dieppe,* dont les archives furent malheureusement brûlées et détruites lors du bombardement de 1694.

Desmarquets, dans ses *Mémoires chronologiques,* publiés en 1785, consigne ces faits, empruntés à des manuscrits qui ont aussi disparu dans la tourmente révolutionnaire.

Et *Estancelin* s'est également attaché de nos jours à établir que *Cousin* a pu avoir la gloire de devancer ces trois célèbres navigateurs.

Suppléant par un grand nombre d'indications à l'absence des preuves positives, il a démontré que s'il n'y avait aucune motif justifié d'admettre, *de plano,* que le capitaine dieppois a fait les découvertes qu'on lui attribue, il n'y a non plus aucune raison suffisante de rejeter la supposition comme absolument chimérique et inadmissible. Il ne désespère pas, ajoute-t-il, que, dans ce siècle de fécondes investigations, il se rencontre quelques géographes laborieux, quelque amateur zélé de l'histoire nationale, qui parviennent à retrouver les titres justificatifs des traditions dieppoises.

Au reste, il y a un fait prouvé qui justifie la conviction sincère de *M. Estancelin;* c'est le suivant.

Dans son voyage de 1488, *Cousin* avait à son bord un contre-maître d'origine espagnole, lequel se nommait *Vincent Pinzon*. Ce *Vincent*, bon matelot, mais homme insubordonné, mutin et de déplorable exemple pour l'équipage, fut, de retour à *Dieppe*, déclaré hors de service par la juridiction maritime, sur la plainte de son capitaine.

Or, *Vincent Pinzon*, chassé de *Dieppe*, est un des trois frères de ce nom qui, trois ans plus tard, accompagnaient *Christophe Colomb* dans son voyage. Il a pu donner connaissance à l'illustre Gênois des découvertes du navigateur français, ce qui, confirmant ses calculs, aurait donné à *Colomb* plus de certitude dans ce que la science lui révélait, et l'aurait ainsi déterminé à mettre, malgré tous les obstacles qu'il rencontrait, son projet à exécution.

Quoi qu'il en soit, dès le commencement du seizième siècle, à l'époque où les renommées de *Colomb* et de *Gama* se répandirent en *Europe*, il y eut à *Dieppe* réclamations bruyantes et protestations soutenues et énergiques en faveur de *Cousin*.

La Popelinière, dans ses *Trois Mondes*, publiés en 1582, écrit ces lignes à propos du jeune capitaine dieppois :

« *Notre Français, mal avisé, n'a eu ni l'esprit ni la discrétion de prendre de justes mesures publiques pour l'assurance de ses desseins, aussi hautains et généreux que ceux des autres, comme si c'était trop peu d'avoir commis une semblable faute touchant les découvertes des nôtres en Afrique, où les vaisseaux normands trafiquaient bien avant que les Portugais y eussent abordé (1).* »

Malgré tous ces témoignages en faveur de *Cousin*, il faut, pour se prononcer nettement dans un débat de cette importance et de cette nature, attendre que la lumière soit absolument faite. Mais ce qu'il y a de certain et d'incontestable, c'est que, de 1488 à 1489, le capitaine *Cousin* fit un grand voyage au long cours dont on ne peut préciser les résultats, à l'exception toutefois de la découverte de la pointe d'Afrique, qui a été suffisamment constatée pour qu'à cet égard le doute ne puisse être permis.

C'est ainsi que par *Bethancourt* et *Cousin*, le *génie de la France*, la faisait entrer la première de toutes les nations de l'Europe, et plus de cent ans avant l'Angleterre (2), dans

---

(1) La POPELINIÈRE. *Les Trois Mondes*. 1582.

(2) Le premier grand voyage des Anglais dans les mers des Indes, en vue du commerce et de la civilisation, eut lieu sous le commandement de Drake, qui appareilla de Plymouth le 13 décembre 1577.

la voie des grandes découvertes maritimes dans le *Nouveau Monde* et la *mer des Indes*.

Ayant ainsi fait, sans en avoir profité, les premières grandes expéditions maritimes, on pourrait, au premier abord, conclure au manque de génie colonisateur en France, surtout en considérant que les autres nations européennes, et principalement le *Portugal* et l'*Espagne*, surent si bien à cette époque mettre à profit les premiers voyages de leurs navigateurs. Mais avant de prononcer un tel jugement, il faut se reporter à ce siècle de fécondes découvertes et examiner la situation de ces États et celle de la France. On comprendra alors que les causes qui on arrêté l'essor de notre génie sont tout à fait indépendantes de sa non-existence ou de son existence.

En *Portugal*, nous voyons un peuple habitué à la mer par ses guerres continuelles avec les États barbaresques. Après avoir repoussé les *Maures* de l'*Europe*, les *Portugais* et les *Espagnols* les poursuivirent en *Afrique*, et cette lutte acharnée, en créant pour le *Portugal* le besoin d'hommes de mer, attira l'attention de ses princes sur l'Océan, comme sur le théâtre où ils pouvaient à la fois conquérir des richesses, de la puissance et de la gloire.

Les rois furent marins, et la situation politique de leur pays leur permit de se livrer entièrement à la navigation. Alors commença pour le *Portugal*, guidé par ses souverains, cette fortune maritime qui étonna le monde.

Au commencement du quinzième siècle, *Jean II* ouvre l'ère des conquêtes en envoyant une flotte relever les côtes du *Maroc*.

Outre le roi, les princes de la famille royale emploient leur temps et leurs richesses exclusivement à favoriser la marine, seul art où un *Portugais* pouvait alors se faire remarquer.

Le prince *Henri*, le plus jeune fils du roi *Jean*, après s'être distingué de la façon la plus brillante dans les courses militaires contre les *Barbaresques*, consacra toutes les ressources de son crédit et de sa fortune à encourager l'esprit de découverte. Il avait fixé sa résidence à *Sagrès*, près du *Cap Saint-Vincent*, et là, les yeux toujours fixés sur l'Océan, il recueillait avidement tous les renseignements que la géographie et l'art de la navigation, alors dans l'enfance, pouvaient lui fournir.

Armées par ce prince, des expéditions partent comman-
dées par des officiers de sa maison.

Ce sont d'abord, en 1418, *Jean Gonzalès* et *Tristan Vas*,
qui découvrent *Porto-Santo* et *Madère*.

Plus tard, en 1433, *Gilianez* franchit le cap *Bojador*, si
redouté jusqu'à cette époque.

Le roi soutient ce mouvement. En 1486, il envoie *Barthé-
lemy Dias*, qui parvient jusqu'au *Cap des Tempêtes*. Mais,
effrayé par les terribles vagues qui viennent se briser sur
ce redoutable promontoire, il revient en *Europe* sans avoir
obtenu de résultats sérieux.

Jean II meurt en 1495 ; mais son cousin *Emmanuel*, qui
lui succéda, montra pour ces grandes entreprises une ardeur encore plus vive, et les *Indes* échurent au *Portugal* une
fois que *Gama*, en 1497, eut vaincu, en le doublant, la terreur qu'inspirait le *Cap des Tempêtes* ; comme *Gilianez*
montra, en 1433, que les craintes nées de la vue du *Cap
Bojador* étaient au moins chimériques.

Abandonnons le *Portugal*, qui va briller un moment pour

s'éteindre tellement ensuite, qu'on se demandera si cette brillante épopée maritime n'est pas un rêve poétique de *Camoëns*, au lieu d'être de l'histoire ; et voyons ce qui se passait en *France* à la même époque.

Les malheurs du règne de *Charles VI*, la *guerre de Cent Ans* et les calamités qu'elle engendra, portaient, dans notre pays, toutes les idées vers l'indépendance générale ou vers l'indépendance particulière sur une portion quelconque de territoire. Malgré cette situation si défavorable et bien différente de celle du *Portugal*, notre génie maritime et colonisateur se révéla, et la *France*, sur le bord de l'abîme et sur le point de perdre sa nationalité, produisit un homme tel que *Bethancourt*. Quel profit n'aurait-on pas retiré des expéditions de ce hardi Normand, si, libre de toute entrave, le pays avait pu le soutenir, et si au lieu de *Charles VI* fou, d'une reine traître et parjure comme *Isabeau de Bavière*, d'un roi comme *Charles VII*, occupé à reconquérir son royaume comme malgré lui et à laisser brûler l'héroïne qui le lui avait rendu, il avait eu un prince comme *Henri III de Castille*, soutenant, protégeant ce navigateur et profitant de ses conquêtes ?

A la mort de *Charles VII*, la France sort victorieuse

de sa longue lutte avec l'*Angleterre;* mais néanmoins la royauté, dans la personne de *Louis XI*, va rencontrer des obstacles tout aussi sérieux que ceux qui ont entravé la marche des rois précédents. Par suite il ne pourra, ainsi qu'eux, s'occuper de navigation, forcé qu'il sera de contenir et d'abattre les grands vassaux de la couronne, mutins et redoutables à cause des événements des derniers règnes, et de conquérir sur eux l'autorité nécessaire alors, qui devait plus tard conduire la royauté sur la *place de la Révolution*.

Louis XI meurt et *Charles VIII* lui succède. Mais là encore les événements s'opposent au développement de notre puissance navale. Le roi est mineur, et la régence que son prédécesseur avait laissée à *Anne de Beaujeu*, sa fille, est vivement disputée. De là la rivalité qui s'éleva entre cette princesse et le *duc d'Orléans*, rivalité qui donna naissance à des complots contre le roi, contre le duc, et causa la *guerre folle* et la grande conspiration de *Dunois*. Peu après le roi devient majeur; mais les intrigues pour rattacher la *Bretagne* à la couronne de France et la guerre d'Italie, détournent l'attention du roi de tout autre objet. Il meurt sans s'être inquiété que, sous son règne, *Cousin* avait peut-être fait la plus grande découverte qu'un homme pût faire sur cette terre.

A cette époque, les *Portugais* faisaient la conquête des Indes.

Il est facile de voir, en comparant ces deux histoires, celle de *Portugal* et celle de *France*, que d'un côté se trouvent tous les avantages et toutes les circonstances fortuites nécessaires au développement de la puissance coloniale, et que de l'autre il n'existe que des obstacles, non-seulement au développement, mais encore à la naissance de cette puissance.

En *Portugal*, l'État est formé, est constitué, et le trône est occupé par des rois marins qui, relégués au bout de l'*Europe*, ne peuvent espérer gloire et conquêtes que sur mer, puisque la terre leur manque. De plus, la capitale est un port, l'armateur est le roi; par conséquent, les découvertes de ses capitaines appartiennent à l'État, qui se trouve ainsi en peu de temps posséder de nombreuses colonies.

En *France*, nous voyons un État qui cherche à échapper

à la domination étrangère, qui l'accable, et à reconquérir sa nationalité. Un roi, pour ainsi dire sans autorité au début de son règne, lequel, abattant les têtes les plus marquantes qui l'entourent, ouvre le premier à la royauté la route du despotisme ; despotisme sinon dans la forme, du moins en fait et en principe, nécessaire à cette époque. Ajoutons à cela les intrigues diplomatiques pour augmenter le domaine de la couronne, la glorieuse mais stérile guerre d'*Italie*, et enfin la distance de la mer à laquelle se trouve la capitale de ce royaume, dont le roi n'a pas un instant à consacrer à la marine, et nous comprendrons que, contrairement à ce que faisaient les rois de *Portugal*, les rois de *France* ne pouvaient s'occuper exclusivement d'armements maritimes ni des découvertes faites par leurs sujets. Découvertes qui restaient ainsi utiles seulement au commerce particulier, et non à la puissance coloniale du pays.

Cependant, par elle-même, sans aucun encouragement d'en haut qui pût diriger ses efforts et profiter des résultats, la *France* envoyait ses navigateurs dans les mers de l'*Inde* bien avant que *Gama* eût franchi le *cap de Bonne-Espérance*. Ces découvertes restent commerciales, comme je viens de le dire, au lieu de devenir politiques. Alors nos rivaux en profitent pour s'en attribuer l'honneur ainsi que la puissance qui doit résulter de pareilles conquêtes.

Ces faits, quoique n'ayant rien produit, sont cependant une preuve bien certaine de l'existence de notre génie maritime et commercial. On voit qu'il cherche à se produire, à briser ses liens ; mais la couronne ne pouvant l'aider, il ne profite qu'à quelques-uns et se perd pour tous, au point qu'il paraît ne pas exister. Il est certain que, si la *France*, au lieu d'être morcelée, eût, comme le *Portugal*, possédé son unité, si, débarrassés des soins de l'intérieur, ses rois, comme les princes portugais, avaient pu se livrer entièrement au génie colonisateur chez les *Français*, nous eussions été les maîtres du monde, car nous aurions porté sur mer la même ardeur que sur terre, où nos armes ont toujours été regardées comme supérieures à celle des autres nations.

Il serait donc injuste de dire que nous n'avons pas le génie colonisateur parce que nous n'avons pas profité des éclairs que ce génie a fait luire ; mais déplorons seulement la fâcheuse situation intérieure de notre pays dans ces moments, puisque c'est cette malheureuse situation qui a influencé notre avenir. En effet, quand on vit l'*Espagne* et le *Portugal* se partager le monde, on crut, en *France*, qu'il n'y avait plus rien à faire, et les successeurs des rois que les circonstances rendaient impuissants continuèrent à l'être par suite de cette idée.

Et cependant, même dans ces malheureuses circonstances, nous voyons encore que nous avons ce génie qui nous est tant nié, puisque, sous *Louis XII*, en 1504, les *Basques*, les *Bretons* et les *Normands* s'établissent à *Terre-Neuve*, où ils fondent les pêcheries, alors que le pavillon anglais était encore inconnu sur mer.

Jusqu'à présent, nous avons vu le génie colonisateur de la France livré à lui-même, et cependant ouvrant l'ère des grandes découvertes maritimes qui ne se font que par lui ou à cause de lui. Nous allons voir maintenant les prodiges qu'il sut accomplir sous les successeurs de *Louis XII* avec une demi-protection, sous *Louis XIV* avec la protection complète du gouvernement, et enfin sous *Louis XV* malgré l'abandon de cette protection, qui de nouveau lui manquait.

Cet aperçu historique va nous le révéler dans toute sa grandeur.

La jalousie qu'il ressentait contre l'*Espagne* et le *Portugal*, excitant *François Ier*, ce roi donna à la marine un peu de cette sollicitude qu'il versa si abondamment sur les arts, les lettres et les femmes. C'est l'aurore de notre puissance coloniale.

En 1524, *Verrazzani* explore les côtes de l'*Amérique du Nord* ; en 1535, *Jacques Cartier* pénètre dans le *Saint-Laurent* et découvre le *Canada*. Les *Français* s'y établissent lors d'un troisième voyage, avec le *comte de Roberval* pour vice-roi. Ils fondent une colonie dans les environs du port *Sainte-Croix* et de *Quebec*.

Peu après, *Jean Ribault* entre dans la baie de *Port-Royal*, en Arcadie, où il construit un fort et fait le commerce de pelleteries et de perles avec *les sauvages, qui prirent les Français en amitié.*

Lodonnière passe *aux Antilles*, de là en *Floride*, où il se fortifie sur la rivière de *May*. *Ribault* y fait un voyage ; mais ses vaisseaux sont brisés par la tempête ; et enfin *Gilbert* prend possession du fort de *Saint-Jean*.

Mais alors une cause, autre que celle des temps passés,

vint arrêter cette impulsion qui fut si vive et qui promettait d'être si féconde.

La rivalité de *Charles-Quint* et de *François I*er, détourna complétement ce dernier des soins qu'il avait le désir de donner aux colonies. Cependant, nous faisons du *Canada* la *Nouvelle France*.

Les guerres de religion, *la Ligue,* autres causes d'arrêt dans l'essor de notre génie, mettent la mère patrie à deux doigts de sa perte et lui font entièrement oublier la marine, qui, à cette époque, ne paraît que pour se faire détruire, dans *les Flandres*, sous les ordres du *duc de Joyeuse,* grand amiral de *France*.

Quoi qu'il en soit, le *Canada* résiste, il s'organise, il se forme et n'attend plus que la main puissante du *cardinal de Richelieu* pour devenir la première colonie de la terre.

Dans des conditions analogues, les autres nations perdraient sûrement leurs colonies. Que sont devenus les vastes empires des *Espagnols* et des *Portugais?*

Révoltés contre la mère patrie, ils se sont séparés d'elle;

et tous les ans ils célèbrent joyeusement l'anniversaire de leur indépendance.

La France, il est vrai, a perdu le *Canada*, son gouvernement n'ayant pas su ou pu le défendre; mais la race d'hommes qu'elle y a implantée est restée française, même après un siècle écoulé depuis la conquête par l'*Angleterre*.

Et les colonies que la *France* a perdues se rappellent toujours avec tristesse et douleur le jour qui vit cette séparation.

Une conclusion frappante ne sort-elle pas de là ? C'est que les *Espagnols* et les *Portugais*, ainsi que les *Anglais* ont, si l'on peut s'exprimer ainsi, le génie des aventures coloniales. Ils pénètrent partout, mais ils passent, comme ils ont passé en *Amérique*, comme ils passeront aux *Indes*, comme ils passeront en *Australie ;* tandis que partout où vient la *France*, elle se fait aimer, elle implante sa race, en un mot elle colonise véritablement *;* et c'est incontestablement là le vrai génie colonisateur.

Faut-il des exemples pour appuyer cette affirmation

d'une façon plus sensible ? notre histoire nous en fournit facilement.

Au *Canada,* les mœurs, les manières, la langue, tout, en un mot, des Français des derniers siècles s'y est conservé, et ils sont Français de cœur. L'*île de France* nous présente un exemple encore plus frappant et qui va jusqu'à l'héroïsme, puisque les colons, tout en remerciant le gouvernement anglais, ont été jusqu'à refuser des fortunes.

Après la victoire de l'amiral *Duperré,* en septembre 1810, l'île *Maurice* vit arriver, le 26 du même mois, trente-quatre voiles anglaises, dont le nombre atteignit soixante-seize le 28.

Le général *Decaen,* ne possédant que trois mille hommes de mauvaises troupes, capitule avec les honneurs de la guerre ; et lord Abercrombye, commandant la flotte anglaise, prend possession de l'*île de France* au nom de la *Grande-Bretagne.* La domination anglaise fut inaugurée dans l'île par un acte de générosité, plus peut-être de politique, car la générosité anglaise sur mer se voit peu, qui fait le plus grand honneur à lord Abercrombye : il indemnisa les propriétés qui avaient souffert de la guerre. Cette domination fut acceptée ou subie, d'ailleurs, sans murmures, comme un accident passager, qui, dans la conviction des habitants, ne pouvait durer que quelques mois. Bien qu'il en ait été autrement, et que le provisoire soit devenu le définitif, les *Mauriciens* n'ont pas cessé aujourd'hui d'être Français et de se comporter comme tels. Ce sont toujours les idées, les goûts, les modes de la *France* qui règnent à *Port-Louis;* c'est toujours *Paris* qui est l'étoile polaire de la colonie. Le gouvernement britannique a eu le bon sens de ne pas choquer cette illusion et *a tout fait pour transformer ces créoles en Anglais sans y parvenir.* Dernièrement, c'est en vain qu'il faisait offrir aux familles notables de la colonie *des commissions gratuites d'officiers dans la marine royale.* Les habitants se sont montrés sensibles, *mais n'ont point accepté les commissions.* Aussi les *Anglais* ont peu de penchant pour s'établir à *Maurice,* et l'*Angleterre* n'y est représentée que par ses agents civils, ses officiers et ses soldats (1). Cet exemple n'a pas besoin de commentaire.

Le *cardinal de Richelieu,* frappé des malheurs qui peuvent assaillir la *France,* si elle n'est forte comme puissance

(1) *Les Colonies Françaises.* ARTHUR MANGIN.

maritime et coloniale, donne une nouvelle impulsion à notre génie endormi par près d'un siècle de trouble religieux.

Sous ses auspices, *Pierre de Mont* prend définitivement possession du *Canada*, en 1622. Par lui naissent *Québec, Montréal, Saint-Sauveur* et ***Port-Royal***. Alors est formée cette belle colonie, française encore aujourd'hui, quoique sous la domination anglaise, qui n'a jamais su en tirer parti.

Sous *Louis XIV*, notre marine est à l'apogée, et notre génie, constamment soutenu par le pouvoir, dote la *France* des *Antilles* et des *Indes*, et nous mène au faîte de la puissance sur mer.

Une fois le grand roi mis sous les froides pierres de *Saint-Denis*, la *Régence* et *Louis XV* arrivent, et la protection tombe. Notre génie colonisateur se débat en vain en dehors du gouvernement, il est forcé de rentrer dans l'obscurité d'où cette protection l'avait tiré. Mais ce n'est pas sans protester ni affirmer son existence. Ce sont maintenant des *Français* seuls, avec leurs propres ressources, qui nous le montrent d'une façon plus éclatante que sa splendeur n'avait pu le faire.

C'est *Mahé de la Bourdonnaye*, qui, dépensant sa fortune personnelle et engageant son crédit, donne à la *France* *Maurice* et la *Réunion*, en même temps qu'il abaisse la puissance anglaise aux Indes. Sa récompense sous un roi qui, semblable à *César Borgia* pour l'*Italie*, considérait sinon en paroles, comme le royal bandit, du moins en fait, la *France* comme un artichaut qu'il mangeait feuille à feuille, sa récompense, dis-je, fut LA BASTILLE, d'où il ne sortit que pour *mourir de misère*.

C'est ensuite *Dupleix*, qui, dépensant douze millions composant son patrimoine et son crédit, donne l'empire des *Indes* à la *France*, inaugurant ainsi la politique que l'Angleterre suivra plus tard, pour arriver à la puissance et pour laquelle on vante son génie colonisateur, qui n'est que le génie colonisateur de la *France*.

Comme pour *La Bourdonnaye, la Bastille* s'ouvre pour *Dupleix*, qui *meurt* de *faim* et de *désespoir* après avoir été rendu à la liberté.

Nous avons perdu nos colonies, nous avons perdu notre

marine, nous sommes arrivés sous le dernier règne à être
la dernière nation de l'Europe ; eh bien ! malgré cette déca
dence, l'existence d'un *Dupleix* dans notre histoire suffirait
pour prouver que nous avons le génie colonisateur à un
haut degré, et que c'est à la royauté, à nos rois, et non à un
manque d'aptitude que nous devons l'état déplorable dans
lequel s'est trouvée la France coloniale.

Dupleix ayant réussi à chasser presque complétemen
les Anglais de l'*Indoustan*, à se faire reconnaître souverai
indien par la cour de *Delhi* ; après avoir donné le *Subahda*
du *Dekkan à Mirzapha-Diung*, était maître des *Indes*. L
monde put alors contempler un spectacle qu'il ne lu
avait pas encore été donné de voir : un souverain, *Mirza
pha-Diung*, régnant sur un empire aussi vaste que troi
royaumes de l'*Europe*, et sur trente cinq millions d'hom
mes, par la grâce d'un simple sujet étranger, arrivé l
veille de l'autre extrémité du globe, et n'ayant guèr
qu'*un millier d'hommes à lui* pour accomplir ces prodiges
On admire beaucoup et l'on cite souvent l'*Angleterre* pou
avoir résolu ce grand problème de gouverner, à quatr
mille lieues de distance, avec quelques centaines d'em
ployés civils, et quelques milliers d'employés militaires
ses immenses possessions de l'*Inde* ; s'il y a quelque nou

veauté, quelque hardiesse et quelque génie politique et colonial dans cette idée, il faut reconnaître que l'honneur en revient à *Dupleix*, et que l'*Angleterre*, qui en recueille aujourd'hui le profit et la gloire, n'a eu qu'à suivre les voies que le *génie de la France* lui avait ouvertes. Remarquons, en outre, que par *Dupleix, prince indien*, la *France* gouvernait l'*Inde* par l'*Inde* elle-même, reconnaissant dans cette souveraineté son souverain de *Delhi* qui l'avait donnée, ce qui éloignait toute idée de révolution ; tandis que l'*Angleterre*, en se servant de cette politique et de ce génie, qui n'est ni la sienne ni le sien, a manqué le but qu'atteignit *Dupleix* dans l'exécution de sa profonde pensée politique et colonisatrice, et ne domina l'Inde que par la terreur de ses armes, constamment employées contre des révoltes.

Cette puissance de *Dupleix*, les continuelles défaites qu'éprouvait la *Compagnie anglaise* ainsi que sa ruine imminente, la forcèrent à tenter une démarche près du gouvernement français pour obtenir un traité de paix à quelque prix que ce fût.

Le gouvernement français, jaloux de la gloire de *Dupleix*, et n'écoutant que la passion au lieu de considérer les avantages de la *France*, signa ce honteux traité de 1754, qui montre notre pays victorieux abandonnant toutes ses conquêtes à un ennemi vaincu et demandant grâce ; se faisant plus petit qu'aux débuts de la guerre et donnant ainsi à la *Grande-Bretagne* le moyen de l'expulser de l'Inde suivant son bon plaisir et à la première occasion, ce que l'avenir ne prouva malheureusement que trop.

Dupleix, qui, un moment, avait posé une couronne sur sa tête, est rappelé et destitué. Il représentait la guerre et la victoire, on le rappelait pour flatter l'*Angleterre* qu'on craignait et qui, à cette faiblesse du cabinet de Paris, répondait par l'envoi de *lord Clive* aux *Indes*. *Lord Clive* était encore plus que *Dupleix* la personnification de la conquête. Notre héros, sans fortune puisque toutes ses ressources avaient été employées dans cette gigantesque entreprise, attaqua la *Compagnie Française* pour le remboursement de douze millions lui appartenant. Ce recours est repoussé par une fin de non-recevoir, tirée de ce que cette somme avait été affectée à des dépenses non autorisées ! *Et elles avaient donné un empire à la France.*

En outre, un procès qu'il intenta fut arrêté par *ordre du roi*. Réduit au désespoir, usé par un *long séjour à la Bastille*, voyant sa ruine irrévocablement consommée par la *Com-pagnie*, par le *ministère* et enfin par la *justice, Dupleix* allait, en outre, se voir trainé en prison *pour dettes*, si un reste de pudeur n'eût fait intervenir des arrêts de surséance qui suspendaient l'effet des jugements obtenus contre lui. Après neuf ans consumés dans les angoisses et dans de vaines instances pour obtenir justice, il mourut de misère et de douleur en 1763; année qui vit aussi signer un bien honteux traité, conséquence d'un bien honteux gouvernement. *La Bourdonnaye* était déjà mort, après *trois ans de captivité,* sur le seuil de la Bastille qu'on venait de lui ouvrir; et plus tard, *Lally-Tollendal* qui allait leur succéder, sans avoir, il est vrai, leur talent, *devait porter sa tête sur l'échafaud !*

Peu après, la guerre éclate entre la *France* et l'*Angleterre* qui débute par faire main basse sur nos possessions de l'*Inde*, si réduites qu'elles peuvent à peine se défendre. Le gouvernement de Louis XV, sentant alors la faute commise par le traité de 1754, envoie *d'Aché* et *Lally-Tollendal* pour reconquérir nos possessions. Malgré des efforts héroïques, les secours lui manquant, *Lally* est vaincu. Il revient en *France*, et sur lui se déchaîne la colère du roi et des ministres, humbles serviteurs de l'*Angleterre;* colère

qu'ils ressentaient en songeant à leur mauvaise administration, au peu d'énergie qu'ils avaient montré, à l'influence
anglaise dont ils ne pouvaient se débarrasser, et la *place
de Grève* voit rouler, détachée du tronc, la tête de *Lally-
Tollendal.*

Au *Canada* la lutte est pour le moins aussi acharnée.
Abandonné de la France, possédant à peine quelques
milliers d'hommes, le *marquis de Montcalm* résiste longtemps aux forces supérieures des *Anglais.* Épuisé, à bout
de ressources, il finit par trouver la mort sous les murs de
Québec assiégée par les troupes anglaises sous les ordres
du *général Volfe.* — Un trou de bombe, sur le champ
de bataille, est son tombeau !

Volfe trouve aussi la mort dans cette journée ; mais,
plus heureux que *Montcalm,* il a le temps de voir ses soldats maîtres de *Québec* et les *Français* dispersés. — L'*ab-
baye de Westminster* reçoit ses cendres !

Pendant près de deux ans, MM. *de Vaudreuil* et *de
Lévis* défendent pied à pied ce beau pays, que le moindre
secours de la *France* pouvait rendre de nouveau libre et
français. Mais Louis XV, absorbé par ses maîtresses, qui

absorbaient le trésor public, et ses ministres, embarrassés dans une situation difficile, qui ne put se dénoncer que par le traité de 1763, presque aussi honteux que son aîné de 1754, ne firent rien pour ces hommes qui mouraient si glorieusement pour leur nationalité. Ce traité de 1763 termina les efforts de MM. *de Vaudreuil* et *de Lévis*, et le *Canada*, à son grand regret, fut abandonné à l'*Angleterre* par cette même *France* qu'il appelait de tous ses vœux.

Là finit notre puissance coloniale, qui, jusqu'au règne de l'*empereur Napoléon III* où elle se relève pour briller plus que jamais, ne rencontra que des obstacles insurmontables pour son développement.

Sous *Louis XVI*, quelques efforts allaient être tentés après le voyage de M. *de Lapeyrouse;* mais ce malheureux navigateur rencontra une mort tragique, et la *Révolution* vint ensuite absorber et détourner tous les esprits.

Les guerres de la *République* et de l'*Empire*, guerres d'in-dépendance nationale, auxquelles les puissances étrangères nous forçaient pour conserver nos libertés, si chèrement achetées par les premières années de leur naissance, et repousser une dynastie qui avait fait son temps, ces grandes guerres, dis-je, furent une des causes principales de la ruine de nos colonies. Forcée de combattre en *Europe* et de repousser, avec quelques centaines de mille hommes, des millions de soldats, la *France* ne pouvait secourir ses établissements, qui, se trouvant à la merci de ses ennemis, tombaient nécessairement en leur pouvoir; tout en nous montrant la force de notre génie colonisateur, lequel savait résister à ces désastres.

Pendant la paix qui suivit la *seconde Restauration*, il se révèle encore par ces magnifiques voyages autour du monde, qui avaient commencé sous la *Révolution*, avec l'amiral d'*Entrecasteaux*, s'étaient continués sous l'*Empire* avec *Baudin*, et brillaient alors dans tout leur éclat avec *Freycinet* et *Duperré*, et plus tard avec notre infortuné *Dumont-d'Urville*. Enfin il couronna son œuvre par la conquête de la plus belle colonie qui ait jamais existé depuis la soumission de la *Numidie* par *Rome*; conquête inappréciable comme étendue, comme position par rapport à la *France* et comme richesses! j'ai nommé l'*Algérie*.

On a pu blâmer sans doute autrefois nos fréquents changements de systèmes administratifs dans cette partie de l'*Afrique septentrionale*, mais le plus grand mal était qu'on y envoyait des hommes qui pensaient connaître les *Arabes* qu'ils n'avaient jamais fréquentés et dont ils n'avaient étudié les mœurs que par des journaux et des revues, le plus souvent fort inexacts, au lieu de confier l'administration à des hommes ayant longtemps vécu avec les *Musulmans*. Quant à ceux qui se plaignent des millions que nous a coûtés *Alger*, qu'ils apprennent qu'aux *Anglais*, qu'ils jalousent et dont ils vantent le génie colonisateur au détriment du nôtre, l'*Australie* a coûté plusieurs milliards avant que les recettes ne surpassent les dépenses. Que c'est en sachant faire de grands sacrifices sans murmurer qu'ils ont acquis cette grandeur coloniale, sujet de tant de déclamations absurdes au lieu d'être l'objet d'une émulation éclairée, qui étonne au premier abord, mais qui se comprend facilement lorsqu'on examine les moyens qu'ils ont employés.

Dans ce rapide coup d'œil historique, nous voyons que toujours, lorsque la *France colonisatrice* a été mise à même de produire, et qu'on lui en a laissé la faculté, elle a su se créer des colonies impérissables. Les *Anglais* ont leur drapeau implanté dans les cinq parties du monde ; la mer bouillonnante n'accouche pas d'une petite île fortuite que, avant même qu'elle se soit quelque peu consolidée, quand elle n'est encore qu'une boue liquide, ils y enfoncent un long pieu surmonté de leur banderole au léopard; mais avec le temps s'en va leur domination. Le passé témoigne en faveur de cette opinion, et l'avenir des *Indes* et de l'*Australie* la confirmera. L'Amérique nous prouve, chose plus étonnante, que la race exotique, née de la race anglaise, repoussa la mère patrie tout comme pourrait le faire un peuple vaincu et subjugué qui s'efforcerait de reconquérir son indépendance. Tandis que *partout où nous avons été, nous sommes restés, et la conquête étrangère n'a pu détruire ce que nous avions fait.* Là est évidemment la preuve que nous possédons le *génie colonisateur* dans toute sa force. C'est enfin ce génie qui, dans notre histoire, a gravé en caractères ineffaçables les noms du *Canada*, de la *Louisiane*, de la *Floride*, des *Antilles* et de *Saint-Domingue*, qui sont les meilleurs arguments pour démontrer que nous aussi nous pouvons coloniser, puisque nous l'avons déjà fait d'une manière plus que brillante et bien avant les *Anglais*.

Soyons donc convaincus de notre *force* et de notre *génie*, nous assurerons ainsi plus de la moitié du succès. Que ce préjugé, qui nous fit tant de mal et qui faillit nous faire perdre l'*Algérie* sous *Louis-Philippe*, disparaisse enfin devant les lumières de la vérité et de l'histoire, et qu'un *Français* puisse présenter un projet de colonisation sans que cette objection : *Inutile, nous n'avons pas le génie colonisateur*, retentisse à ses oreilles et vienne augmenter pour lui les difficultés, déjà fort grandes dans ces sortes d'entre prises, jusqu'à rendre tout succès impossible.

CHAPITRE II

Mode de colonisation à employer.

**Des pays les plus avantageux où cette colonisation
peut réussir.**

CHAPITRE II

Mode de colonisation à employer.

Des pays les plus avantageux où cette colonisation peut réussir.

Les gens qui rêvent la gloire des armes et celle, bien triste, des combats disproportionnés, où quelques hommes bien équipés mettent en fuite et massacrent des milliers de malheureux nus et armés de bâtons, de flèches ou de frondes; ceux qui rêvent des combats sur mer et des abordages seront bien désillusionnés en lisant les lignes qui vont suivre, car ils ne trouveront rien qui puisse leur faire espérer de réaliser leurs désirs de batailles dans les conquêtes toutes pacifiques que je propose.

Jusqu'à présent, les colonies se sont presque toujours établies par les armes, soit qu'on fût forcé d'agir ainsi parce que les indigènes s'opposaient à un établissement; soit que leurs richesses tentassent les aventuriers européens; soit enfin que la colonisation fût le résultat d'une guerre heureuse, soutenue contre les habitants du pays où elle se fit. Mais les inconvénients que ce système fait naître tous les jours doivent faire rechercher un autre mode de colonisation. L'humanité et le degré de civilisation auquel nous sommes parvenus, ainsi que nos intérêts commerciaux, nous montrent qu'aujourd'hui la guerre ne doit plus entrer en ligne de compte. Aussi faut-il bien se convaincre que ce n'est pas par la conquête les armes à la main, mais sur la conquête morale qu'il faut compter pour arriver à un heureux résultat. Partant de ce principe, on ne doit pas aller chercher un État constitué, ayant son commerce et sa civilisation; on ne doit changer quoi que ce soit, on doit créer. C'est peut-être une pensée audacieuse, mais si le jugement montre que c'est là le meilleur moyen de parvenir, le siècle où nous vivons nous avertit que cette détermination n'est pas le fruit de l'orgueil et de la présomption, mais le résultat des progrès de la civilisation. En effet, la situation que la *France* occupe aujourd'hui en *Europe* lui interdit toute action tendant à asservir des peuples qui ont le droit d'être libres comme ayant été créés semblables à nous. En outre, une action de ce genre, ne pouvant se perpétrer sans répandre beaucoup de sang, serait contraire à l'humanité et n'attirerait que la haine des populations soumises. Mais ce que nous devons accomplir comme un devoir sacré imposé par Dieu, qui nous a

faits dépositaires de la civilisation, c'est de la porter à ceux
qui ne jouissent pas de ses bienfaits. On a donné, sinon en
fait, du moins en principe, le droit d'égalité aux hommes·
de couleur; détruisons PROGRESSIVEMENT l'*esclavage* et la
barbarie de ces hommes, après avoir instruit chacun
d'eux et leur avoir donné un métier. Colonisons ces pays
où l'homme est si indolent et la nature si active. Portons
à ces terres vierges, sans souvenir et sans célébrité, les
lumières de la *Religion éternelle*, SANS LES IMPOSER ; les
bienfaits de la science, de la liberté, de l'égalité des droits;
les instruments perfectionnés de l'agriculture et de l'industrie de l'*Europe*. Enrichissons-les d'abord des productions les plus utiles des deux mondes, qui changeront leur
vie matérielle, et plus tard de l'imprimerie, qui changera
leur état moral comme elle a changé l'état moral de notre
société. Que leurs relations avec nous reposent sur ces
deux bases : échanger les pensées, échanger les besoins.
L'association et le progrès seront les plus sûrs moyens de
rendre ces peuples meilleurs, partant plus heureux. Ne
cherchons pas à les maîtriser, mais à les bien diriger, et
leur avenir répondra aux destinées de la *France*. Des bords
de la *Moskowa* au sommet des *Pyramides*, des champs de
la *Louisiane* aux rives du *Crichna*, la *France* a ébranlé le
monde par de sanglantes conquêtes; propager sa civilisa-

tion chez ces peuples que nous nommons sauvages, c'est
la seule conquête à laquelle elle doive aspirer aujourd'hui
par-delà les mers ; et c'est une de ces pensées qui peuvent
faire changer la face du monde. Faire marcher l'humanité
dans des voies nouvelles, telle est la mission de la *France*
et la gloire qu'elle . doit ambitionner, gloire qu'elle a
déjà su acquérir sous le gouvernement de l'*Empereur
Napoléon III*.

Il est plus facile, pendant son enfance que pendant son
âge mûr, de donner à l'esprit de l'homme le pli qu'on veut
lui voir prendre. De même il est plus facile de diriger un
peuple dans les voies qu'on veut lui faire suivre lorsque,
pour ainsi dire, il est à l'aurore de son existence et de son
autonomie. A ce moment, on peut sans secousses lui
donner la nationalité que l'on souhaite qu'il possède, et
une fois qu'elle a pris racine elle ne se détruit plus. Après
une ou deux générations, ce peuple ne se souvient plus de
ce qu'il était, mais seulement de ce que ses civilisateurs
l'ont fait ; tandis que l'on ne peut que par la force s'imposer à une nation déjà civilisée, comme les *Anglais* se sont
imposés aux *Indiens*. Ce système a un immense inconvénient : car, en même temps que la domination s'établira,
le flambeau de la civilisation européenne éclairera jusqu'au

dernier vallon, jusqu'au plus humble hameau. La race née du mélange des conquérants avec la race indigène croîtra en nombre, en intelligence de ses besoins et de ses droits, en influence politique, en force, en un mot. Les naturels se familiariseront avec les armes puissantes qui les ont vaincus et réduits à l'obéissance ; ils comprendront ce qu'il y a de merveilleux dans l'organisation et la subordination ; ils connaîtront les grandes choses que peut faire l'homme avec le concours de l'intelligence, de la connaissance et de la volonté. Alors, si l'amour du changement, si naturel au cœur humain, comprimé pendant longtemps par des institutions fortes et sages, se fait jour au travers de cette société nouvelle et se communique des principaux personnages aux masses de la population, si la vie civile et politique leur apparaît tout à coup avec ses grandeurs européennes et son avenir illimité, si l'ambition et l'habileté de quelques hommes donnent à ces émotions nouvelles le caractère d'un sentiment national, alors, dis-je, ces indigènes oublieront peut-être qu'ils sont redevables à l'*Europe* des bienfaits de la civilisation ; alors se trouveront en présence quelques étrangers dominateurs et des milliers, peut-être des millions d'hommes exaltés par le désir d'une vague indépendance, comprenant qu'ils n'ont qu'à se soulever, non-seulement pour anéantir en un instant toute résistance , mais encore pour dominer à leur tour. Telles sont les conséquences du régime de la force. Mais, dira-t-on, en suivant une méthode de création et de régénération, il faudra du temps , beaucoup de temps. Qu'importe si l'avenir est sûrement brillant ? Nous ne sommes pas, comme les *Anglais* et les *Hollandais,* attendant avec impatience des revenus pour satisfaire aux dividendes des actionnaires ou pour remplir des engagements à six mois ou à un an ; mais nous sommes *Français,* aimant l'humanité et désirant ses progrès. Nous voulons donner à notre pays un empire durable, conquis non avec le fer et la poudre dans des flots de sang, mais avec la force morale, la divine intelligence et l'humanité, dans cette *Océanie* où les nations, nos rivales, n'ont pu s'établir qu'en méconnaissant tous les devoirs qu'impose aux hommes cette même humanité.

Nous établir en *Océanie,* où sont les *Anglais* et les *Hollandais,* c'est-à-dire dans la *Malaisie,* c'est impossible, dira-t-on encore. Ces deux nations s'y opposeront de tout leur pouvoir, une guerre peut en résulter ou tout au moins des complications fort graves qui peuvent troubler la bonne harmonie de l'*Europe.*

Cette objection est plus spécieuse que sérieuse.

Il est vrai que les mers du Sud sont occupées par les *Anglais* et les *Hollandais*; mais nous n'avons nullement l'intention d'aller les attaquer pour les déposséder. Ils n'ont donc, en considérant le projet de colonisation soumis à *Sa Majesté l'Empereur Napoléon III*, aucune raison pour empêcher un navire français de naviguer dans ces parages pour un but d'utilité universelle (1); et les embarras qui jadis ont été suscités aux *Anglais* par les *Portugais* et les *Hollandais* ne sont plus à craindre aujourd'hui : car les motifs qui alors les faisaient naître n'existent plus.

En effet : une des grandes difficultés de la colonisation dans les siècles précédents était le désir immodéré d'arriver à une fortune considérable et rapide; désir qui fit commettre les atrocités que l'histoire reproche justement aux conquérants de l'*Amérique* et de l'*Inde*. Ce n'était pas la richesse du sol, mais les richesses minérales du sol et ses produits précieux; ce n'était pas la beauté du climat, mais la soif de l'or et l'espoir du butin qui tentaient ces conquérants bandits. Les espérances extraordinaires que l'on fondait sur ce sujet étaient sans aucun doute mêlées de beaucoup d'illusions. Quand ces hardis navigateurs

____

(1) Voir, au projet, le voyage scientifique.

virent que la réalité ne correspondait pas aux espérances qu'ils avaient conçues, ils ne purent se figurer que des montagnes d'or n'existassent pas, et ils eurent alors recours aux supplices et aux cruautés de tout genre qui les ont déshonorés, pour faire avouer aux malheureux vaincus l'endroit où ils avaient cru pouvoir dérober leurs richesses aux recherches de leurs avides spoliateurs; en même temps que, convaincus de ces richesses chimériques, ils empêchaient, par la force des armes, les autres nations de l'*Europe* de venir prendre part à la curée.

Outre ces guerres, causées par la croyance à d'immenses richesses que l'on voulait posséder seul, les cruautés envers les vaincus firent naître des haines implacables, que le temps et le sang n'éteignirent pas, et qui rendirent l'occupation sinon impossible, du moins fort difficile et sans stabilité pour l'avenir. Mais aujourd'hui qu'une économie politique plus éclairée a démontré que l'agriculture et l'industrie sont des sources de prospérité bien autrement fécondes que tout négoce à main armée, comme celui des premiers conquérants, ces dangers ne sont plus à redouter : car ce n'est pas de l'or que nous allons chercher, mais la civilisation et la science que nous voulons porter aux extrémités du monde; et c'est, non le canon, mais la supériorité morale qui établira notre domination, qui, en étant toute dans l'intérêt des dominés, sera aimée et respectée.

Lorsqu'au seizième siècle on croyait l'*Inde* faite d'un morceau d'or, dans lequel les perles, les émeraudes et les diamants étaient enchâssés, lorsque les nations européennes, sortant de la barbarie du *Moyen Age*, étaient continuellement en guerre les unes contre les autres, il n'est pas surprenant de voir que chaque rencontre fut un combat. Aujourd'hui les mœurs sont changées, la paix règne en *Europe*, et les idées sur la richesse ne sont plus ce qu'elles étaient alors.

A cette époque les *Portugais* et les *Hollandais*, comme aujourd'hui ces derniers et les *Anglais*, étaient souverains dans les mers indiennes. Une nouvelle nation, se présentant pour en disputer l'empire aux premières, devait rencontrer des difficultés inouïes : la guerre d'abord, et ensuite les intrigues, les complots et les assassinats pour les éloigner des ports ouverts à ses rivales. Malgré cela, l'Angleterre se présenta hardiment dans la *Mer des Indes;* et, par son courage et sa persévérance, arriva à supplanter le Portugal et la Hollande, comme le prouve l'histoire de ces temps. Cette histoire, que nous allons examiner, prouve, en outre, d'une manière incontestable, que deux nations maîtresses de la Malaisie n'empêchent pas une troisième de pouvoir s'y établir fortement et d'y fonder un puissant empire. Cette preuve donnée, pourquoi, puisque l'Angle-terre et la Hollande tiennent la Malaisie, la France ne serait-elle pas cette troisième nation dont nous parlons?

L'*empire des Portugais* fut à son apogée après le siége de *Goa* par *Adel-Khan,* général du *Grand-Mogol.* Trois à quatre mille soldats portugais et indigènes, commandés par le vice-roi *don Luis de Ataide,* repoussèrent ce repré-sentant de la cour de *Delhi,* ainsi que les cent mille hom-mes de troupes qu'il avait lancés sur les murs de la capi-tale de l'*Inde portugaise,* en 1570. Il semblait alors que le *Portugal* n'eût plus rien à redouter dans ces contrées, lors-qu'un ennemi plus redoutable se présenta.

Depuis quelques années les Hollandais, à l'aurore de leur puissance maritime, cherchaient à disputer le com-merce indien aux descendants de *Lusus.* La crainte qu'in-spirait alors le *Portugal* était telle qu'ils n'osèrent pas d'abord se lancer sur la même voie et cherchèrent un passage par l'*Asie septentrionale,* entreprise que l'imperfection des connaissances géographiques de ces temps ne faisait pas regarder comme impraticable. Trois expéditions successives partirent pour tenter l'aventure ; mais leur peu de succès servit du moins à prouver que si ce passage existe, il ne peut être d'aucune utilité pratique pour la navigation commerciale. Il fallait donc faire concurrence aux *Portugais* en suivant léurs traces.

Un *Hollandais, Cornelius Houtman,* se rendit à *Lisbonne* pour recueillir tous les renseignements nécessaires. La jalousie portugaise punit sa curiosité par la prison, et ne le relâcha qu'après lui avoir fait payer une somme considérable. Néanmoins, *Houtman,* possédant ce qu'il était venu chercher, retourna en *Hollande,* où on lui donna quatre bâtiments bien armés, pourvus de tout ce qui était nécessaire, et, quelques mois après, il arrivait à *Bantam,* dans l'île de *Java.* Son expédition fut heureuse, ainsi que celles qui suivirent, et bientôt, par les armes et les intrigues, les *Hollandais* attaquèrent directement leurs rivaux, et enfin les égalèrent.

Philippe II, qui, à la mort de *don Sébastien,* avait pris la couronne de *Portugal,* ne pouvait voir sans irritation ses sujets chassés de ces magnifiques possessions par les

armes d'une province rebelle que sa tyrannie avait poussée
à la résistance et dont ses fautes allaient faire une grande
puissance maritime. Ayant appris qu'on attendait en *Hollande* un grand convoi de l'*Inde,* il fit secrètement armer
trente grands navires de guerre pour détruire au passage la
flotte hollandaise. Près des îles du *Cap Vert,* ils rencon-
trèrent l'amiral *Spilbergen* avec huit navires allant aux
Indes. Spilbergen battit les *Espagnols.* Ce fut la dernière
fois que *Philippe II* lutta sur mer contre la grandeur naissante de la *Hollande.* On sait que sur terre il ne réussit pas
mieux.

Ne pouvant s'opposer aux progrès des *Hollandais,* les
Portugais partagèrent avec eux l'empire des *Indes,* bien
décidés, des deux côtés, à le disputer, par tous les moyens
possibles, à un troisième rival s'il se présentait. Ce fut
alors que les *Anglais* se précipitèrent dans cette voie
nouvelle, et de cette époque datent leurs premiers voyages, malgré ce que disent quelques vieilles chroniques,
que la géographie confuse qu'elles renferment ne permet
pas de prendre à la lettre. Ainsi *Hakluyt* cite deux passages de **W. *de Malmersbury*** où il est affirmé que, dans l'an
883, le roi *Alfred* envoya dans l'*Inde Sighelmus,* évêque
de *Sherburn,* avec mission d'y offrir de sa part de riches·

présents au *tombeau de saint Thomas*. *Sighelmus*, selon le récit du chroniqueur, mena à bonne fin cette périlleuse entreprise, et revint en *Angleterre* avec une riche cargaison de pierres précieuses et d'épices, produits de cette célèbre région. On ajoute qu'au temps où la chronique fut écrite on conservait encore dans l'église de *Sherburn* quelques objets rapportés par le pieux évêque. Une telle mission était digne du grand monarque dont les vues, fort en avant de son siècle, étaient sans doute beaucoup plus éclairées que celles qui lui sont prêtées par le chroniqueur. Cependant il est fort difficile, sur un pareil témoignage, d'admettre comme un fait certain que ce lointain pèlerinage ait été accompli à l'époque dont il est question. Sans nier absolument le fait, il est permis de croire que *Sighelmus* n'alla pas plus loin que la côte orientale de la *Méditerranée*, où alors, comme aujourd'hui, venait aboutir l'un des rayons du commerce de l'*Inde*. Par conséquent, nous admettrons que les voyages des *Anglais* dans les mers indiennes n'ont réellement commencé qu'au seizième siècle, à la suite des *Portugais* et des *Hollandais*.

Dans la nouvelle carrière où ils allaient se lancer, les *Anglais* n'avaient pas seulement à craindre les périls des longues navigations, mais aussi la vigoureuse opposition des deux peuples qui se disputaient alors l'empire des océans. Comme les *Hollandais*, ils cherchèrent un passage par le nord de l'ASIE pour éviter leurs rivaux, gardiens féroces de la route du *Cap*. Trois navires furent donnés à *sir Hugh Willoughby*. Deux échouèrent en *Laponie*, où le froid et la misère firent périr les équipages; et le troisième, commandé par ***Richard Chancelor***, pénétra jusque dans la *mer Blanche*. Ce commandant se rendit à *Moscou*, à la cour de ***Russie***, presque inconnue alors, et chercha à pénétrer aux *Indes* par la ***Tartarie*** et la ***Perse***. Il alla jusqu'à *Boukara*, où, comprenant que le commerce ne pourrait jamais faire un si long et si coûteux détour, il abandonna son projet et revint en *Angleterre*. Repoussé de ce côté, on essaya par le nord-ouest. Des efforts intrépides, énergiques et persévérants, furent dirigés sur ce point par une série d'illustres navigateurs : *Cabot*, *Frobisher*, *Davis*, ***Hudson***, et l'on peut dire que l'entreprise, du moins au point de vue scientifique, s'est poursuivie de nos jours par les *Parry*, les ***Ross***, les ***Black***, les ***Franklin***, etc.; seulement on sait maintenant à quoi s'en tenir sur la valeur de cette route encore incertaine, quoique trouvée au hasard. Le nord-ouest n'ayant pas donné de résultat, on tenta le passage par le sud-ouest, passage dont l'existence avait été démontrée par *Magellan* (Magalhaës). ***Drake***, parti de

Plymouth le 13 décembre 1577, y rentre le 26 septembre 1580, après avoir fait le tour du monde et recueilli une riche cargaison. *Thomas Cavendish* suivit les traces de Drake. Il quitta *Plymouth* le 21 juillet 1586 et revint avec un succès pareil en septembre 1588.

Malgré les heureux résultats de ces expéditions, le commerce ne pouvait les prendre pour modèle, car, outre le temps très-long que *Drake* et *Cavendish* employèrent pour faire ces voyages, ils ne firent que de la piraterie.

On essaya alors par la *Méditerranée*, la *Syrie*, *Alep*, *Bagdad* et le *golfe Persique*. Ce fut encore une déception. C'était bien un des canaux par lesquels les *Vénitiens* faisaient alors le commerce de l'*Inde*; mais ils étaient pour cela dans une position géographique bien plus avantageuse que l'*Angleterre*. Malgré cela, depuis la découverte du passage par le *Cap*, ils ne pouvaient plus soutenir la concurrence contre les *Portugais*. L'intérêt commercial s'engageait donc alors sur cette dernière route, comme présentant seule de l'avantage et de la sécurité. Mais elle était gardée avec la surveillance la plus jalouse par les *Portugais* et les *Espagnols*. En outre, *Philippe II*, en sa qualité de roi de *Portugal*, prétendait avoir un droit exclusif à l'exploitation de cette route, et cette prétention, dans le droit des gens d'alors, était assez fondée en justice. Aussi le gouvernement d'*Élisabeth*, bien qu'en guerre avec ces nations, hésitait-il à encourager ces entreprises, qui eussent suffi pour enlever tout espoir d'accommodement avec le plus puissant souverain du temps. De plus, les bâtiments armés par des entreprises particulières, en passant près des côtes de *Portugal*, ou dans le voisinage des établissements du roi d'*Espagne* sur la côte de l'*Afrique* ou de l'*Asie*, avaient fort à redouter d'y être enlevés par des rivaux qui ne faisaient jamais quartier.

Cette situation était à faire renoncer à tous projets. Cependant nous trouvons dans les archives de la *Grande-Bretagne*, à la date de 1589, une pétition signée par un certain nombre de marchands, demandant la permission d'envoyer aux *Indes* trois navires et trois pinasses. On ne sait quelle réponse leur fut faite, mais on voit, deux ans plus tard, en 1591, trois vaisseaux sortir de *Plymouth* sous le commandement des capitaines *Raymon*, *Kendal* et *Lancaster*. Arrivé au *Cap de Bonne-Espérance*, *Kendal* revint en *Angleterre* avec les malades. Au cap *Corrientes*, *Raymon* se perdit dans une tempête qui le sépara de *Lancaster*, lequel revint seul dans sa patrie après avoir fait naufrage aux

Bermudes et été ramené à *Dieppe* par des navigateurs
· français.

Cette malheureuse expédition ne découragea pas encore
les *Anglais,* qui avaient à lutter contre deux puissances for-
midables et contre les éléments. En. 1599, une association
se forma à *Londres* entre une centaine de marchands et
au capital de 30,000 livres sterling (750,000 francs),
pour envoyer des navires aux *Indes.* Outre sa sanction pleine
et entière qu'accorda le gouvernement, il envoya une am-
bassade au *Grand-Mogol Akbar*, afin d'obtenir les bonnes
grâces pour les sujets anglais commerçant dans ses États.
L'ambassadeur *John Mildenhall* mourut en *Perse,* et sa
mission n'eut aucun résultat.

Comme les précédents, ce nouvel échec ne fit qu'exciter
les *Anglais* auxquels la reine *Élisabeth* donna, en 1600,
une charte royale constituant régulièrement :

La Compagnie royale des Marchands faisant le trafic aux Indes Orientales.

Ce fut l'origine de la *Compagnies Royale des Indes.*

Alors nous voyons les expéditions se succéder sans

relâche. C'est d'abord, en 1601, *Lancaster* avec cinq navires. Ensuite *Midleton*, depuis sir *Henry*, avec une flotte de la Compagnie. Après eux sir *Edward Michelborne* et *Sharpey* trafiquèrent dans l'Océan Indien. *Sir Henry* fait un second voyage, et enfin, en 1611, le capitaine *Hippon* fut envoyé sur la *Côte de Coromandel*, et dans la même année une autre expédition partit sous les ordres du capitaine *John Sarris*.

Tous ces voyages, en comptant toutefois la malheureuse expédition de *Sharpey*, avaient produit un bénéfice moyen de 171 pour 100. L'historien de la *Compagnie*, monsieur *Mill*, tire de ce fait la conclusion naturelle que ces entreprises avaient été conduites avec plus de sagesse et d'entente des affaires que celles qui suivirent et qui donnèrent un résultat beaucoup moindre. Nous observerons cependant que les affaires se firent, dans ces premiers voyages, à des conditions beaucoup plus faciles et plus avantageuses qu'on ne devait l'espérer par la suite ; sans compter que plusieurs fois les escadres revinrent chargées de marchandises, non achetées mais enlevées les armes à la main, et que souvent la force dictait les conditions d'échange qui devaient naturellement profiter au plus fort. En réalité, les bénéfices de ces premiers voyages avaient été autant, si ce n'est plus, les bénéfices de la piraterie que ceux du commerce légal.

Les bénéfices furent beaux, il est vrai ; mais les mauvais jours n'étaient pas encore passés. Les *Anglais* étaient devenus des corsaires redoutables aux *Indes*, et la Compagnie hollandaise, pour acheter sa tranquilité et sa sécurité proposa une association à la Compagnie anglaise, qui commit la faute d'accepter. Cette malheureuse association se termina par l'odieux massacre de d'*Amboyne*, commis par les *Hollandais* sur les *Anglais*, auxquels les premiers, en se séparant, payèrent une indemnité de 85,000 livres sterling (2,125,000 francs).

Cependant, malgré tous leurs efforts, les *Anglais* n'étaient encore que dans les îles ou possédaient dans le *Dekkan* quelques comptoirs sur la stabilité desquels ils ne pouvaient compter. Ils désiraient vivement avoir sur le continent un point qu'ils puissent fortifier pour servir de base à un établissement définitif et sérieux. En 1162, le mariage de l'*infante Catherine* avec le roi *Charles II* leur fournit l'occasion si vivement attendue ; et l'île de *Bombay* fut cédée à l'*Angleterre* comme faisant partie de la dot de la princesse. Quoique ce ne fût alors que des rochers nus, ce fut la première possession de la *Grande-Bretagne* dans l'*Inde*. Dans l'origine, cette île ne rapportait pas assez pour couvrir les frais d'occupation; aussi, en 1668, la couronne transféra ses droits de souveraineté à la *Compagnie*, qui, en 1687, y transporta de *Surat* la présidence de ses autres établissements. Depuis, *Bombay* est devenu ce qu'il est encore aujourd'hui, la capitale des possessions anglaises dans l'*Inde Occidentale*. En même temps, la *Compagnie* faisait aussi de rapides progrès dans l'est, et ses persévérants efforts avec *lord Clive*, autrement secondé que *Dupleix*, lui donnaient l'empire de l'*Inde* et de l'*Asie méridionale*.

De tout ce qui précède il résulte :

1° Que nous devons chercher un pays habité par un peuple au début de sa formation et dont la civilisation soit nulle ou presque nulle; que ce pays soit favorablement situé pour le commerce, commandant à une grande étendue de mer; et enfin, pour lui donner plus d'importance, il faut qu'il soit placé de façon à relier la *Cochinchine*, les *Marquises* et la *Nouvelle-Calédonie*, afin de créer pour la France dans les mers du Sud une ligne stratégique très-forte où les vaisseaux puissent facilement trouver abri et ravitaillement;

2° Que ce pays, devant, par suite de cette dernière condition, se trouver dans la *Malaisie* ou proche de cette division de l'*Océanie*, les trois endroits suivants : BORNÉO, la NOUVELLE-GUINÉE ou PAPOUASIE et l'AUSTRALIE nord-ouest et nord, remplissent à des degrés différents les conditions voulues ;

Et 3° que l'établissement par la *France*, dans ces parages, n'est pas impossible, puisque, dans des conditions plus défavorables que celles qui existent, l'*Angleterre* a su s'y établir d'une façon colossale.

Mais si l'*Angleterre* a réussi, dira-t-on, c'est grâce à la guerre et à la piraterie : deux moyens que nous ne devons pas employer aujourd'hui. Cela est vrai, mais prouve seulement que l'*Angleterre* s'est servie des moyens et des armes alors en usage. Du reste, comme je l'ai dit plus haut, à cette époque et dans la position de l'*Espagne*, du *Portugal*, de la *Hollande* et de l'*Angleterre*, il ne pouvait en être autrement. Ces nations étant en guerre en *Europe*, est-il surprenant que partout où elles se rencontraient il y eût combat inévitable ? Le canon était alors le seul moyen que possédaient les *Anglais* pour parvenir. Aujourd'hui les moyens que possèdent les nations pour sauvegarder leurs intérêts sont changés. C'est la diplomatie qui remplace la guerre, et les difficultés que nous aurions à vaincre en entrant dans la lice, nous qui, contrairement à ce que firent les fondateurs de la Compagnie, n'allons attaquer personne ni déposséder qui que ce soit, ne sont presque rien comparées à celles que les *Anglais* furent forcés de surmonter.

Nous n'avons pas de *Philippe II*, armée du droit des gens d'alors, qui nous barre la route. Aujourd'hui la mer est libre, une révolution couve en *Angleterre* ; la *Russie*, qui ne peut avoir perdu ses vues sur l'*Inde* et la *Perse*, n'attend que le moment favorable pour satisfaire son ambition ; la Hollande ne vit plus que grâce à l'équilibre européen, et la France de l'*Empereur Napoléon III* est à la tête des nations.

Outre ces avantages, il en est d'autres qui rendent encore le succès plus facile qu'aux *Anglais* d'autrefois. Nous sommes en *Cochinchine*, notre influence existe en *Chine* et au *Japon*, et nous occupons *Nouka-Hiva*, ainsi que la *Nouvelle-Calédonie*.

Aucun combat n'est possible, puisque les idées d'aujourd'hui ne sont plus les mêmes, au sujet de la concurrence, qu'au seizième siècle, et que nous n'allons attaquer ni déposséder personne, mais nous établir sur un sol qui, légalement, n'appartient qu'aux aborigènes, lesquels, en nous vendant la terre, nous confèrent un droit incontestable de propriété. Quelle nation oserait aujourd'hui attaquer des sujets français légitimement établis sur une terre à la possession de laquelle cette nation n'aurait aucun droit ? Et en admettant même la possibilité d'un malentendu, nous ne sommes plus à une époque où, sans aucun préliminaire, on s'envoie des boulets. Ce serait la diplomatie qui agirait, et si, comme je viens de l'indiquer, on a soin de mettre le droit de son côté en se rendant légitimement possesseur du terrain que l'on occupe, comme l'ont fait les premiers Américains de l'*Union* sous la conduite de *Penn*, si à cela on ajoute l'habileté, l'énergie, la persévérance et la confiance dans l'avenir, on arrivera au but sans qu'*une goutte de sang européen soit répandue.*

Il importe beaucoup aussi de ne se faire aucune illusion sur les débuts. Ils peuvent être obscurs et de peu d'importance ; mais on n'en doit persévérer que davantage dans la route que l'on s'est tracée. Que l'on examine l'origine première du gouvernement des *Anglais* aux *Indes ;* elle est remarquable par le point de départ : LE COMMERCE, et le point d'arrivée : L'EMPIRE ! Marchons donc avec persévérance, l'espoir d'obtenir un tel résultat nous soutiendra, puisqu'il est possible d'y arriver, et nous fera surmonter les difficultés qui peuvent nous assaillir au commencement de nos travaux..

Montesquieu, a dit : « *Le monde se met de temps en temps dans des situations qui changent le commerce.* » Quand on pense à quelle nature et à quel degré de pouvoir la *Compagnie royale des Indes* est arrivée de nos jours, et qu'elle tient entre ses mains la destinée de la moitié des peuples de l'*Asie*, il semble que l'on puisse dire à juste titre : « *Le commerce se met quelquefois dans des situations qui changent le monde.* Resterons-nous spectateurs impassibles de tels prodiges ? Non, le passé nous indique la route que nous devons suivre, la grandeur de nos destinées nous y pousse, et un jour nous devons faire dire, changeant encore la phrase de *Montesquieu : La civilisation se met de temps en temps dans des situations qui changent le monde.* »

Le motif premier des *Hollandais* et des *Anglais* était le commerce, le motif de la *France* doit être plus grandiose encore :

SCIENCE, HUMANITÉ ET CIVILISATION !

SECONDE PARTIE

LES ILES

CHAPITRE III

Bornéo

CHAPITRE III

Bornéo.

§ Ier. Aperçu général.

Après l'**Australie, Bornéo** est la plus grande île du globe. Elle a trois cents lieues du nord au sud, sur une largeur qui varie de cinquante à deux cent cinquante. Elle a environ mille lieues de tour, et trente-six mille lieues carrées de superficie (1). Comprise entre 4° 20′ latitude sud, et 7° latitude nord, et entre 106° 40′ et 116° 45′ longitude est ; elle est partagée en deux parties inégales par l'équateur. L'étendue de ce pays et le peu de connaissances que l'on a sur lui font qu'il serait téméraire de vouloir fixer sa population d'une manière exacte. On ne peut le faire qu'approximativement. Un chiffre de l'administration hollandaise, établi très-vaguement, porte le nombre présumé *de tous les habitants de* Bornéo, *non compris celui des groupes d'îles qui en dépendent géographiquement, à trois millions.* M. *de Rienzi,* dans sa description de l'*Océanie,* porte ce

_____

(1) Rienzi. *Description de l'Océanie.*

chiffre à quatre millions. Cependant, malgré ces autorités, et d'après les renseignements venus dans ces dernières années sur la population de l'intérieur, qui ne compte qu'un petit nombre de hordes établies le long des rivières, ces chiffres paraissent exagérés. Du reste, la population indigène, comme on le verra plus loin, décroît tous les jours, de sorte que, même avec des renseignements complets qui manquent encore aujourd'hui, on ne pourrait déterminer exactement cette population.

Les naturels ne donnent pas à leur beau pays le nom de *Bornéo*, qui paraît être une altération de *Varouni*, vrai nom du royaume et de la rivière de *Bornéo* (1) ; ils le nomment Poulo-Kalémantan, *île de Kalémantan* ; ou Tana-Bessar-Kalémantan, *la grande terre de Kalémantan*. Quoi qu'il en soit, nous conserverons le nom de *Bornéo*, consacré par l'usage et aussi pour ne pas jeter de confusion dans une nomenclature déjà compliquée.

La surface du *Bornéo* est montagneuse. Dans sa partie centrale s'élève une chaîne de montagnes allant du nord au sud, se rapprochant quelquefois de la côte, et appelée

(1) Les premiers navigateurs ont fait *Brunaï* de *Varouni*, et depuis de *Brunaï* on a fait *Bornéo*.

monts Cristallins, à cause des nombreux cristaux qu'on y trouve. Cette chaîne projette une grande quantité de ramifications à l'est et à l'oüest, et donne naissance aux principales rivières de cette vaste région. Une seconde chaîne va aussi de l'est à l'ouest, et donne aussi naissance à un grand nombre d'autres rivières (1). En outre, ces montagnes contiennent très-abondamment l'or, le fer, le zinc, l'étain et l'antimoine.

Au premier coup d'œil, on voit que *Bornéo* est une terre bien arrosée. Les trois principaux fleuves prennent naissance non loin les uns des autres dans une espèce de massif mamelonné, de 350 à 1,000 mètres d'élévation, sur lequel s'élèvent des pics isolés, dont vingt ou trente atteignent 1,200 et 2,000 mètres de haut. Ils portent différents noms d'après les fleuves qui y prennent leur source (2).

Mais si l'intérieur est montagneux et solide, il n'en est pas de même des rivages de la mer. La plus grande partie des côtes, surtout à l'embouchure des rivières, forme d'immenses marécages qu'envahissent petit à petit les palétuviers.

(1) MÉINUNGEN. Lettres écrites de Bornéo dans *le Freimuthige,* journal berlinois, 1811, n° 237.

(2) Voir le *Tour du Monde :* description de Burnéo.

Cet inconvénient est grave ; cependant il ne faudrait pas en conclure que le climat doit être malsain et qu'il soit impossible d'y remédier. « Les côtes marécageuses de quelques îles de l'*Océanie* du nord-ouest, dit *Malte-Brun,* exposées à l'action d'une grande chaleur, produisent un air pestilentiel, QU'UNE CULTURE BIEN ENTENDUE FERA DISPARAITRE. Malgré ces incommodités locales, l'Océanie offre à l'homme industrieux et fort, sain et tempérant, une plus grande variété de climats délicieux qu'aucune autre partie du monde. Les îles hautes et de peu d'étendue paraissent autant de paradis nouveaux. En changeant de niveau, l'*Anglais* y retrouvera ses frais gazons, ses arbres couverts de mousse ; l'*Italien* ses bosquets d'orangers, et le colon des *Indes occidentales* ses plantations de cannes à sucre. Le peu d'étendue de chacune de ces îles leur procure un climat semblable à celui de l'*Océan* lui-même. Jamais la chaleur n'y devient insupportable, même pour des *Européens* septentrionaux. L'air est sans cesse renouvelé par les petites brises de terre et de mer qui se partagent l'empire des jours et des nuits. Ce printemps perpétuel n'est que rarement troublé par les ouragans et les tremblements de terre (1). »

____

(1) MALTEBRUN. Vol. XII, 4e édition, 1837

Il est vrai que ce passage se rapporte principalement aux îles de peu d'étendue ; mais, par l'élévation de son sol, l'intérieur de *Bornéo* jouit d'un agréable climat, et les côtes étant sous l'influence des brises de terre et de mer, doivent être susceptibles d'améliorations qui en change-. ront la nature. Le travail peut être long et difficile, mais qu'importe puisqu'il est possible.

On ne peut se le dissimuler, la nature offre des obstacles qu'il faudra surmonter ; mais aussi, en revanche, elle se montre prodigue de ses trésors. De même que, pour arriver dans les *Champs Élysées* de l'antiquité, il fallait braver des lieux horribles et le noir *Achéron* et *Cerbère*, de même là, si le courage vous soutient, vous traversez des marais aux exhalaisons fétides, des fleuves débordés ; vous affrontez l'éléphant, le rhinocéros, le tigre et le crocodile, pour arriver dans une contrée enchanteresse, d'une fécondité extraordinaire, qui ne demande qu'à produire et qui pousse sous vos pieds : l'or, le diamant et les métaux précieux. Là, la mer vous envoie des milliers de poissons de tous genres, depuis le monstrueux cétacé jusqu'au plus petit des zoophytes, l'ambre gris, les perles, l'écaille et le tripan dont se délectent les gourmets du *Céleste-Empire ;* et la terre, n'osant faire mentir la parole divine qui veut que l'homme gagne son pain à la sueur de son front, demande seulement qu'il se courbe vers elle pour l'accabler de ses dons les plus précieux et des récoltes les plus abondantes.

Toutes ces richesses sont entre les mains de gens qui ne savent pas les exploiter ou qui les exploitent à peine : ce sont les aborigènes et les *Malais*.

Les *Malais* occupent presque tout le littoral de *Bornéo* et couvrent la mer d'audacieux pirates, plus redoutés que redoutables, et que des mesures énergiques et des forces suffisantes feraient *disparaître de ces parages comme nous avons fait disparaître les forbans algériens*. Dans l'intérieur, et sur quelques points des côtes orientales, sont établis les *Dayas*, les *Biadjous*, les *Idaans*, les *Tidouns* ou *Tirouns*, les *Dayers*, les *Alfouras;* puis les tribus sauvages des *Dessouns, Marouts, Illanos, Tatoungs, Houlous, Taagals, Bissayas, Kalamonts, Toutangas, Tataos, Kanawits* et *Mélandos*, qui toutes sont aborigènes. Quant aux *Endamens* ou *Aëtas* aux cheveux laineux et de couleur fuligineuse, on n'en rencontre presque plus à *Bornéo* (1). Enfin, sur la côte nord-est, on rencontre les singulières tribus des *Biadjaks-Tzengaris*, qui, sur le continent asiatique et européen, ont

(1) RIENZI. *Description de l'Océanie.*

formé ces bandes de bohémiens si communes au *moyen âge*, ainsi que les *gitanos d'Espagne*, et qui, en *Océanie*, sont vraiment les bohémiens de la mer qu'ils parcourent en tous sens, ne respirant que pillage et massacre. Outre ces populations océaniennes, des *Européens*, des *Asiatiques* et même des *Arabes* sont établis à *Bornéo*. Les *Hollandais* sont suzerains des principautés littorales de l'ouest et du sud-ouest ; les *Anglais* sont établis dans l'île de *Labouan*, à l'ouest de *Varouni*, et exercent une certaine influence sur le royaume de *Sarawak*, un des pays de la côte occiden-tale. Enfin les *Chinois* ont fondé bon nombre de colonies très-prospères dans l'intérieur, à côté des provinces qui reconnaissent, quoique très-faiblement, la suzeraineté de la *Hollande* (1).

Tel est le pays qui s'offre à nos investigations.

C'est une mission digne de la *France*, qui tient la pre-mière place parmi les nations civilisées, d'enlever le voile impénétrable qui nous dérobe les secrets de cette vaste contrée. A elle la gloire d'établir sa puissance en *Océanie*, de revivre jeune, belle et pleine d'avenir dans une nou-velle nation à ses antipodes ! A elle la puissance que doit

---

(1) Les colonies chinoises sont : Matrado, Mandor, Lourak, Salakao et Sinkana dans l'intérieur, mais toute la côte, depuis la rivière de Sambas jusqu'à Pon-tianak, est peuplée de leurs établissements.

donner une ligne stratégique comme celle que forment la *Nouvelle-Calédonie, Nouka-Hiva, Bornéo* et la *Cochinchine,* soutenue par la *Chine* et le *Japon!* A elle la puissance suprême dans le vaste *océan Pacifique!* A elle enfin d'être la reine de l'*Océanie,* et à son *glorieux Souverain* l'honneur d'entendre son nom proclamé par les échos des quatre coins du monde, et de se faire connaître, aimer et obéir par tant de nations diverses dans tant de pays différents.

Pour arriver à ce résultat, nous nous trouvons en présence de faits dont les uns nous facilitent l'entreprise, et les autres, au contraire, nous la rendent plus difficile. Nous allons les examiner, nous appuyant sur des autorités sérieuses, non-seulement sur ce qu'en ont dit de savants géographes, mais encore sur ce que nous ont rapporté d'intrépides et savants voyageurs dignes de foi, et qui ont, dans divers ouvrages, exposé ce qu'ils ont vu. Nous trouverons ainsi qu'aucun obstacle n'est insurmontable, partant, qu'avec de la patience, du courage, de l'énergie, qualités qui ne manquent pas à la *Nation française,* on doit arriver au succès, succès d'autant plus glorieux qu'il aura été plus difficile à obtenir et qu'il aura plus fait ressortir les qualités colonisatrices de la France, si grandes et tant niées jusqu'à nos jours.

§ II. De la baie de Maloudou comme endroit favorable a la colonisation.

D'après le rapide exposé que nous venons de faire, il résulte que tous les points des côtes de *Bornéo* ne sont pas favorables à la colonisation européenne. Nous devons d'abord rejeter l'ouest et le sud-ouest, à peu près soumis à la *Hollande* quand ses intérêts et ceux des indigènes ne sont pas opposés. Il nous reste alors à choisir entre le nord-ouest, le nord et le nord-est.

Au nord-ouest, nous trouvons la *Sultanie de Bornéo* (*Varouni*), formant un État constitué et qu'il serait non-seulement contraire à nos principes, mais encore dangereux d'aller attaquer. Au nord-est et à l'est, nous serions au cœur de la piraterie, ce qui, outre les immenses difficultés qu'elle nous créerait, serait cause de notre ruine, en ne nous donnant pas le temps nécessaire pour établir une installation sérieuse et forte.

Il nous reste donc à examiner la partie nord, que nous ne trouvons pas soumise aussi immédiatement à ces influences.

Sous tous les points de vue, cette partie de *Bornéo* est la

7

plus avantageuse. Les voyageurs et les géographes sont unanimes pour nous la représenter comme la plus riche et la plus saine. « La côte septentrionale de l'île, dit *Malte-Brun*, est la plus riche, la plus fertile et la plus salubre. On y trouve des forêts de *styrax*, arbre qui ressemble au sapin et qui produit des graines odoriférantes, et la célèbre résine de *benjoin*; le *canari* (*canarium*), renommé pour ses noix; le *bananier*, dont le fruit est appelé *figue du paradis*; le *kouming*, dont la pulpe fournit une huile estimée; une espèce de *durion*, qui produit ces fruits plus gros que la tête d'un homme; et le *dammara*, dont la résine, appelée *dammer*, est recherchée. On cultive le *riz*, les *ignames*, le *betel* et toutes sortes d'arbres fruitiers des *Indes*. Les *choux palmistes* servent de nourriture. Les forêts contiennent des arbres d'une hauteur prodigieuse. Il y en a qui fournissent un excellent bois de construction, d'autres donnent des gommes appelées *sang-dragon* et *sandaraque*. Une production mieux connue et la plus précieuse de toutes, c'est le *camphrier* qui croît dans toute sa perfection. Les *rotangs* y abondent; on exporte une grande quantité de ces jougs précieux. Le *poivre*, le *gingembre*, le *coton* y croissent; et la culture des muscadiers et des girofliers y a réussi (1). »

---

(1) MALTEBRUN. Vol. XII, page 109, 4ᵉ édition, 1837. — VALENTIN. *Description de Bornéo*, vol. IV, p. 235.

Dumont d'Urville, dans le *Voyage autour du Monde,* s'exprime ainsi : « Cette partie de l'île, stérile aujourd'hui et presque improductive, *serait susceptible de grandes améliorations,* soit agricoles, soit commerciales (1). »

M. *de Rienzi* ajoute encore à ce tableau les paroles suivantes : « La partie septentrionale de l'île Kalémantan est la plus belle et la plus riche de cette grande terre. L'*or,* le *camphre,* la *sibing (cire),* les *nids d'oiseaux,* la *canne à sucre* et le *riz,* les productions végétales et minérales y abondent et y sont à bon marché. Maloudou *pourrait devenir la plus belle colonie du globe. Ici on pourrait fonder* un empire océanien, *qui a déjà peut être existé et qui devrait devenir un foyer de civilisation et de prospérité pour toute l'*Océanie*, dont la* Mégalonésie *est le centre* (2). »

Tous ces témoignages nous indiquent clairement que c'est vers la partie septentrionale que doivent tendre tous nos efforts. C'est donc cette partie-là que nous allons étudier. Ce sont les avantages et les désavantages qu'elle offre que nous allons examiner, ainsi que les profits qui peuvent résulter des uns et les remèdes qu'on peut apporter aux autres.

(1) Dumont d'Urville. *Voyage autour du Monde.* Édition de 1848, tome II, p. 309.

(2) Rienzi. *Description de l'Océanie.*

Les côtes de la partie septentrionale de *Bornéo* sont peu ou point marécageuses ; car aucune grande rivière ne vient y aboutir, et elles ont encore l'avantage d'offrir aux navires de bons abris, entre autres la belle-et vaste baie de *Maloudou,* qui a environ vingt-cinq kilomètres de profondeur. Cette baie ne contient ni récif de corail ni aucun autre danger, et donne en assez grande quantité des perles et du caret ou tortue de mer qui fournit l'écaille.

Ainsi, déjà dans la partie qui nous occupe, nous sommes amenés à reconnaître un climat sain et des atterrissements faciles à cause du manque de marécages, une baie vaste, sûre et riche en productions marines, et de bons mouillages où les navires peuvent trouver ravitaillement et sécurité. Mais là ne s'arrêtent pas nos avantages, nous en trouvons encore daus la population indigène.

Les peuplades qui habitent cette partie de *Bornéo* sont les plus traitables et les plus civilisées de l'île. On y rencontre quelques tribus de *Biadjous,* qui sont d'intrépides marins, les hommes les plus humains et les plus civilisés de cette grande contrée (1); les *Tirouns* ou *Tidouns,* dont le pays est le plus riche en or (2), et enfin les *Marouts*

(1) RIENZI. *Description de l'Océanie.*

(2) MALTEBRUN. *Description de Bornéo.* Même volume, même édition que plus haut.

et les *Idaans*. Ces derniers cultivent leurs plantations avec beaucoup d'industrie. Ils ont pour armes de longs couteaux et des sarbacanes avec lesquelles ils lancent des petites flèches empoisonnées. Leur vêtement consiste en une ceinture d'écorce d'arbre, et leurs habitations, élevées sur des poteaux, renferment plusieurs familles vivant ensemble. Les *Malais*, ainsi que les habitants du royaume de *Bornéo* (*Varouni*), leurs ennemis, les ont calomniés. Ils les représentent généralement comme des hommes sanguinaires et féroces, tandis qu'au contraire ils sont hospitaliers, et dans leurs visites apportent toujours des présents, tels que des noix de coco, des oiseaux, des citrons, etc., qu'il faut bien se garder de refuser, si l'on ne veut s'exposer à une vengeance terrible (1).

Ce ne sont certes pas là des hommes avec lesquels les rapports puissent présenter beaucoup de difficultés. Mais nous sommes ici en contradiction avec une autorité sérieuse, le contre-amiral *Dumont d'Urville*, qui, contre son habitude, constate seulement des faits sans chercher à en reconnaître les causes premières.

« Toutefois, sur tous les points de cette côte, dit ce sa-

______

(1) Voir à ce sujet RIENZI. *Etnographie de Bornéo.*

vant navigateur, la puissance européenne n'a jamais été ni sûre ni assise. On a pu camper quelques jours sur ce territoire, s'y maintenir grâce à des amitiés royales inconstantes et chanceuses, y trafiquer en paix et s'y faire respecter pendant quelque temps; mais il est rare que des catastrophes fatales ne soient pas venues déranger les plans des gouvernements colonisateurs et des agents qui opéraient en leur nom. Le capitaine *Padler*, égorgé en **1769**; les *Anglais*, chassés en **1774** de l'île de *Balambangan;* un capitaine hollandais, massacré en **1788**, avec tout son équipage, en rade de *Bornéo* à l'heure du dîner; le capitaine *Pavin*, en **1800**, tombant dans un guet-apens pareil, que *le Rubis* n'évita à son tour que par miracle ; des scènes, des surprises analogues renouvelées en **1803**, **1806**, **1810**, **1811** ; enfin, de nos jours, l'assassinat du major *Muller*, autre *Clapperton*, qui s'était dévoué à l'exploration intérieure de Bornéo; tout témoigne combien sont précaires les espérances de ceux qui rêvent des établissements sérieux sur ce vaste et fécond littoral, et qui, dans l'ardeur de leur théorie d'exploitation, embrassent les mines d'or que recèlent ses montagnes, les bois précieux dont elles sont tapissées. Sans des dangers si grands et si réels, ce serait presque une honte pour la géographie, dans un moment où les moindres points du globe sont minutieusement explorés, de voir qu'une terre de mille lieues de tour, aux portes de l'*Asie*, au milieu d'un archipel civilisé et populeux, reste plus inconnue que les contrées les plus sauvages, les plus lointaines (1). »

Propos quelque peu décourageant venant d'un tel homme. Mais au *contre-amiral d'Urville*, qui a peu visité la *Malaisie*, et qui n'a pas eu le temps de se rendre un compte bien exact de *Bornéo*, du moins au point de vue ethnographique, nous allons opposer quelques observations de *M. de Rienzi*, qui a vécu dans cette contrée, qui y a passé de longues années, et dont le témoignage, par ce fait, doit avoir plus de poids que celui de *M. Dumont d'Urville*. Tous deux furent des hommes éminemment sérieux, et *M. de Rienzi*, a, de plus que *M. d'Urville*, son séjour dans cette contrée, que ce dernier aperçut seulement du pont de son vaisseau.

Comme nous l'avons remarqué plus haut, le contre-amiral indique brutalement les faits, sans chercher au delà; *M. de Rienzi* nous les explique. L'opinion de *M. d'Urville :* que l'on peut s'établir, mais pour peu de temps, à cause des massacres qu'il vient de rapporter, est confirmée

(1) DUMONT D'URVILLE. *Voyage autour du Monde.* Édition 1848, tome II, p. 308.

par *M. de Rienzi*, dont les explications, détruisant ce qu'il y a d'absolu dans la conclusion de *M. d'Urville*, prouvent qu'un établissement sérieux et durable n'est pas impossible. Cette idée, du reste, est fortement établie chez lui, comme on a pu le voir par une des citations précédentes : MALOUDOU *pourrait devenir la plus belle colonie du globe. Ici on pourrait fonder* UN EMPIRE OCÉANIEN, *qui a déjà peut-être existé et qui devrait devenir un foyer de civilisation et de prospérité pour toute l'*OCÉANIE, *dont la* MÉGALONÉSIE *est le centre.* Après avoir cité les mêmes faits que cite *M. d'Urville*, *M. de Rienzi* ajoute : « Cependant c'est plutôt aux princes malais qu'aux indigènes que l'on doit reprocher tant d'horreurs, et encore tous ces officiers de terre et de mer, ainsi que les commerçants, avaient éveillé leurs soupçons. Quoique depuis longtemps une horrible anarchie dévaste cette île, les *Européens* n'ont jamais eu à se plaindre des habitants de la *Soulthânie de Varouni* (*royaume de Bornéo*). Bien plus, à l'époque où les *Holoans* chassèrent les *Anglais* de *Balambanyan*, les *Varouniens* accueillirent les fugitifs avec une rare humanité, et leur cédèrent l'île de *Balouan* pour y fonder un nouveau poste. Il est malheureux que les *Anglais* l'aient refusée (1) au lieu d'essayer une

______

(1) Les Anglais y sont aujourd'hui.

colonisation, qui aurait été, selon nous, d'un si grand intérêt pour le commerce et pour la science (1). »

Ainsi, non-seulement les naturels du nord ne sont pas
les gens féroces que présente *d'Urville*, assassinant pour le
plaisir d'assassiner, mais des hommes donnant, il est vrai,
la mort sur un soupçon et en revanche tendant la main à
l'infortune. On sera peut-être choqué de l'idée que, sur un
soupçon, les *Malais* aient commis ces atrocités; mais réflé-
chissons un peu et jugeons-les avec la justice naturelle et
non avec nos idées européennes, et nous reconnaîtrons que,
s'ils ne sont pas volontairement calomniés, ils sont du
moins légèrement jugés ou incompris. Nous ne pouvons
nous dissimuler que, jusqu'à présent, partout où les *Européens* ont abordé, ils n'ont cherché qu'à renverser les gouvernements établis, quelque primitifs que soient, du reste,
ces gouvernements ; leur but a été d'arriver rapidement à
être les maîtres, et à donner à ces nations, qui ne pensaient
pas à eux, l'esclavage sous n'importe quelle forme en
échange de leur liberté. De là résulte forcément une haine
invétérée couvant dans tous les cœurs, et ces malheureux
attendent patiemment ou font naître l'occasion de se venger.
Méprisant trop, et à tort, ces prétendus sauvages, les *Eu-*

____

(1) Rienzi. *Description de l'Océanie.*

ropéens ne tenaient aucun compte des avertissements qui leur parvenaient : et ils périssaient. Ils tombaient assassinés, c'est possible, mais, au fond, ces sauvages, incapables de distinguer la limite qu'il y a entre le crime et la légitime défense, tuaient pour reconquérir leur liberté ou la défendre s'ils la croyaient menacée. Plus tard, quand, par de nouvelles vexations, les *Européens* se furent solidement affermis, la haine ne fit qu'augmenter, et *tout homme blanc* devenait un être fatalement et nécessairement voué à la mort : car ces sauvages ne savaient et ne savent pas encore, pour la plupart aujourd'hui, distinguer les différentes nations d'*Europe ;* on ne peut donc guère leur en vouloir de s'être, par exemple, vengés sur un *Français* des maux qu'un *Espagnol,* un *Anglais* ou un *Hollandais* leur aura fait endurer. Dans ces actes, l'amour du carnage avait bien sa part, mais c'était bien plus à leurs lois et au sentiment de leur indépendance qu'ils obéissaient qu'à leurs passions sanguinaires. Que fait-on en *Europe* à un ou plusieurs hommes qui viennent mettre le trouble dans un *État ?* on les prend PAR TOUS LES MOYENS POSSIBLES, puis on les fusille, ou la prison, suivant le cas, devient leur demeure, toutefois après jugement. Là-bas la législation est primitive et un peu draconnienne presque tous les délits sont passibles de la peine capitale, et, par suite, les fauteurs de troubles et même ceux que l'on soupçonne de ce délit; sont mis à mort. Pour arriver à s'en rendre maître, sans avoir recours à une bataille, qui, le plus souvent, ne donnerait pas force à la loi, ces soi-disant sauvages, ayant des notions mal définies du juste et de l'injuste, ont recours à la trahison et à l'assassinat. Voilà toute la différence, elle ne gît que dans la forme.

Mais quelle différence si les idées changent de la part des *Européens!* Qu'à la place de ces désirs de conquêtes, de pillage et de richesse anomales, ce soit l'idée d'un commerce tranquille, bien plus productif au fond, d'une puissance et d'une conquête légale, si l'on peut employer ce qualificatif, qui fonde un établisement; qu'un traité avec des princes donne le fermage des terres (1) ou tout autre fermage que ce soit, que rien dans la manière d'être ne puisse porter ombrage, que rien ne soit tyrannique : alors, loin de vouloir vous chasser, on désirera vous garder; car, pendant le peu de temps que vous accorde *d'Urville,* vous vous serez rendus nécessaires par une bonne culture, qui aura amené l'abondance là où était la misère. Loin de vous

____

(1) C'est le fermage, d'une partie des terres, donné aux Chinois par les princes malais, qui a fait la fortune des établissements des enfants de l'Empire du milieu.

nuire, les chefs de tribus rechercheront votre alliance, l'intérêt existant chez les sauvages comme chez les civilisés. Choisissant habilement vos alliés, vous en obtiendrez, pour récompense de services rendus, des terres qu'ils vous céderont en toute souveraineté. Tenant ce droit des *rajahs*, il ne sera pas contesté par les habitants, et votre autorité sera reconnue et respectée. Ce sera le premier noyau d'une domination légale, le premier fleuron d'une couronne qui deviendra puissante, la première province d'un grand empire. C'est ainsi que *Dupleix* était devenu, pour la France, maître du *Dekkan ;* que les *Hollandais* ont opéré dans la *Malaisie*, et les *Anglais* aux *Indes*. La **Hollande** est souveraine de la *Malaisie*, et les *Anglais* ont, en moins de trois siècles, fondé un des plus vastes empires du monde.

Ainsi donc, ces impossibilités et ces massacres sont nés de causes logiques. Ces causes disparaissant, et il est au pouvoir de notre volonté de les faire disparaître, ces impossibilités et ces massacres disparaîtront. Rien de sérieux alors ne s'opposera à notre établissement. Malgré cela, bien des difficultés sont encore à vaincre : car, je ne prétends pas dire qu'en suivant la ligne de conduite que je viens d'esquisser, il ne reste plus qu'à se croiser les bras et à attendre la prospérité. Non, il n'en est ainsi dans aucun pays du monde ; mais, en agissant ainsi, nous aurons seulement vaincu la plus grande des difficultés : celle de la première installation. Les autres, nombreuses encore, n'étant que des difficultés d'ordre inférieur, seront surmontées, et la nouvelle société pourra prospérer après un travail constant et sérieux.

Des faits viennent encore à l'appui de ce que nous venons de dire. La colonisation à *Bornéo* est, dit-on, impossible ; mais alors comment, s'il en est ainsi, expliquer l'existence des établissements qui y fleurissent ? Ne s'y trouve-t-il pas des colonies chinoises en pleine prospérité, sans parler de la souveraineté exercée dans le sud-ouest et le sud par les *Hollandais* ? On répondra peut-être que les *Chinois* ont l'esprit de travail et de persévérance, tandis que nous ne le possédons pas. Mais alors pourquoi, s'il n'existe pas, ne pas tenter de le faire naître chez nos compatriotes, et s'il existe, *comme l'histoire des siècles précédents le démontrent*, pourquoi ne pas chercher à le développer ? L'homme qui a ce désir ne doit-il rencontrer que refus et découragement ? Doit-on, à chaque pas qu'il fait dans cette voie, déjà si périlleuse par elle-même, lui apporter des empêchements, la plupart du temps insurmontables, et faut-il encore que ce soit là le fait de ses compatriotes, à qui, malgré eux, il veut donner gloire et puissance? Le Français est accessible aux grandes idées comme aux grandes choses, seulement il a besoin d'être dirigé. Qu'une direction puissante le gouverne, qu'on lui montre la gloire qu'il acquerra en faisant ainsi de pacifiques conquêtes, il les fera. Que l'on regarde le tableau des colonies chinoises dans la relation de *M. d'Urville*, tableau que nous donnons plus loin, et l'on comprendra que, pour la *France*, qui tient la tête des nations civilisées, ce serait une honte d'avouer hautement qu'elle est incapable de faire ce qu'ont pu faire de misérables aventuriers chinois.

Que conclure de là, sinon que ceux qui pensent à coloniser *Bornéo* ne *rêvent pas*, comme le prétend le *contre-amiral d'Urville*, que *leurs espérances ne sont pas précaires*, et qu'en somme ils présentent au public une chose parfaitement possible, puisque, non-seulement les *Hollandais* ont su s'y faire respecter et obéir, quoique faiblement, il est vrai ; mais encore, ce qui est plus péremptoire, qu'un grand nombre de *Chinois*, que le *Céleste-Empire* ne pouvait nourrir, y sont venus, s'y sont installés, y prospèrent et envahissent l'île de plus en plus, de sorte qu'un jour ils pourraient en devenir complétement les maîtres. Cette colonisation est donc possible, quoiqu'il reste certain qu'elle présente de nombreuses difficultés ; mais, jusqu'à ce jour, la France a-t-elle jamais, sous un gouvernement fort et habile comme celui qu'elle a aujourd'hui, reculé devant quelque difficulté que ce soit, lorsque, sans parler même des richesses, la gloire seule était après le succès? Dans ce cas, elle n'a vu que le résultat, et elle y est arrivée.

Qu'il en soit de même aujourd'hui, que seulement un petit nombre d'hommes comprennent cette situation, qu'ils s'y dévouent comme je m'y dévoue moi-même, et un jour nous révélerons à notre belle patrie ce secret, si longtemps inconnu, que la *France* a, comme toute autre nation, et peut-être plus que toute autre nation, le génie de la colonisation. Cette vérité une fois connue, cette négation d'aptitude, absurde préjugé, une fois controuvée, la *France* enverra avec enthousiasme des colons dans le monde entier, qui s'inclinera devant sa puissance, son génie et sa civilisation régénératrice.

§ III. Des colonies chinoises a Bornéo.
Conclusions qu'on en peut tirer.

La difficulté n'est pas de débarquer sur un point quelonque de *Bornéo*. Nous avons vu, dans le paragraphe précédent, que le *contre-amiral d'Urville*, qui n'admet pas la possibilité d'une colonisation durable, reconnaît que l'on peut, *même facilement*, former un établissement temporaire. La difficulté est donc de s'y maintenir. Les *Chinois* ont résolu le problème. En effet, nous voyons que ces hommes laborieux ont fondé des établissements dont la fortune et l'avenir sont assurés. Examinons donc les moyens qu'ils ont employés ; une fois ces moyens connus si nous les appliquons, nous simplifierons beaucoup les obstacles que notre installation peut rencontrer, et rien ne nous empêchera d'obtenir le même résultat. De plus, en nous servant, en outre, des moyens que la science et la civilisation mettent à notre disposition, nous pouvons espérer mieux faire encore.

Depuis un grand nombre d'années, les *Chinois* sont établis à *Bornéo* et dans beaucoup d'autres îles de la *Malaisie*. Tous les ans, le *Céleste-Empire* déverse son trop-plein

dans cet archipel et menace de l'envahir complétement :
car partout où viennent les *Chinois* ils s'emparent du
commerce et de l'agriculture. Ils fondent des villes, propres et bien bâties, qui deviennent des centres de commerce et d'industrie. Ils forment, au milieu des grands,
de petits États dont l'accès n'est pas donné à toutes les
nations. Ils transforment les terres environnantes en pays
d'abondance et reçoivent des *Malais*, artisans, marchands,
marins et guerriers, qui ont peu de goût pour l'agriculture, le droit d'exploiter cet art si utile. Leur patience,
leur énergie et leur amour du travail changent en peu de
temps une contrée sauvage en un pays civilisé. Tout y a
l'air heureux et prospère, au milieu de ces tribus, pour la
plupart cruelles et anthropophages, qui respectent ces
travailleurs de la terre : car elles comprennent que ces
laboureurs les font vivre.

Pour donner une idée de ces cultures, nous ne pouvons
mieux faire que de reproduire la description, quoiqu'un
peu brève, qu'on trouve dans la relation de *M. d'Urville* :

« Une colline, dominant le cours du *Sambas*, était couverte de grands arbres entremêlés de lianes, de broussailles
et d'arbustes pressés et confondus ; ce fut au milieu de ce

lacis inextricable que notre guide malais entreprit de nous frayer un chemin. Il écartait les branches, se baissait, rampait avec une agilité surprenante : nous avions beaucoup de peine à le suivre. Après un quart d'heure de cette marche fatigante, nous arrivâmes au sommet, harassés et accablés par une chaleur brûlante ; mais nous fûmes bien dédommagés par le panorama qui s'offrit à nos yeux.

» A nos pieds s'étendait la forêt sombre et impénétrable ; au delà, à deux lieues environ, elle s'interrompait tout à coup ; un charmant paysage lui succédait : c'étaient de riants villages, de jolies habitations éparses au milieu d'une verte campagne et entourées de cultures régulières. *On eût pu se croire transporté sur quelque point de la* FRANCE.

» Notre admiration égalait notre surprise. Certes, nous étions loin de nous attendre à un si grand contraste, à trouver la civilisation au milieu d'un pays sauvage, des cultures admirables entourées de forêts vierges. Nous éprouvions un immense désir d'aller jusque-là, de visiter ce coin de terre si riant, cette oasis qui nous apparaissait comme un effet du mirage ou un tableau magique. Mais, hélas ! déjà l'heure nous rappelait à bord de nos navires.

Notre guide nous fit comprendre que CES VILLAGES ÉTAIENT
UNE COLONIE RÉCENTE FONDÉE PAR LES CHINOIS (1). »

Ce récit nous montre un peuple agriculteur fortement
établi au milieu de populations guerrières et barbares : car,
à *Bornéo*, la culture n'est honorée que par les *Dayas* qui
habitent à l'ouest et au sud. Les *Chinois*, ayant résolu ce
problème, nous montrent que l'impossibilité d'un établissement sérieux et durable n'est que fictive.

Cette position que l'agriculture a donnée aux enfants du
Céleste-Empire, l'agriculture peut naturellement la donner
à la *France*, qui, en employant tout ce que la science et l'industrie ont inventé pour améliorer et faciliter cet art, obtiendra des résultats bien plus considérables, et changera
ainsi en certitude complète cette possibilité qui est maintenant, je crois, démontrée par les faits qui précèdent.

Rejetons donc bien loin de nous toute idée d'obtenir
quoi que ce soit par la force de nos armes snpérieures ou
de notre tactique militaire. Ne portons pas à un peuple qui

(1) Voyage au Pôle sud et dans l'Océanie, exécuté pendant les années
1837-40, sous le commandement de M. Dumont d'Urville, tome VII, pages
106-107.

jamais ne nous a fait de mal la guerre, ses fléaux et·la mort ; mais dominons-le en lui donnant l'abondance et la vie. Faisons-lui sentir notre supériorité par le besoin qu'il aura de notre présence en sentant les avantages de notre industrie. C'est ainsi que nous pourrons, bien mieux que par la conquête, arriver au pouvoir et à la prospérité ; et c'est ainsi que nous formerons un pays productif qui enrichira la mère patrie en augmentant ses moyens d'existence, partant sa vie et son commerce.

Cette marche, seule digne de l'humanité, est aussi la seule qui puisse donner le succès ; différemment tout devient éventuel, surtout si l'appât des richesses minérales est le seul mobile qui attire dans les pays lointains. Ce n'est pas, en effet, l'exploitation des mines d'or de *Bornéo* qui fait la force des établissements de la *Chine ;* ce n'est pas cette exploitation qui fait supporter les *Chinois* par les *Malais* et les *Naturels de la Grande-Terre ;* mais c'est l'agriculture, au moyen de laquelle ils ont montré à ces hommes qu'ils peuvent les nourrir, tandis que, méprisant les travaux de la terre, ils parcourent les rues pour échanger les produits de leur industrie.

Agir autrement amènerait infailliblement la misère et

la mort, puisqu'il est manifeste et évident que ce sont les produits de la terre, et non leur représentation, qui font la richesse et le bien-être des États.

Cependant l'or, considéré comme marchandise, et non comme monnaie qui permet d'acheter toutes les jouissances, ne doit pas être dédaigné, puisque c'est un excellent moyen d'échange et qu'alors il rentre dans les forces vives du commerce. Mais tout en laissant à ce métal la place qui lui convient, nous désirons bien faire comprendre la raison qui nous a fait choisir cette île pour fonder une colonie, raison qui n'est pas la propriété qu'elle a de contenir des mines d'or, mais la propriété infiniment préférable de posséder un sol fertile et facile à cultiver. Si de ce pays on n'eût pu extraire que de l'or et du diamant, nous n'y aurions jamais arrêté nos regards. Ne voit-on pas, en effet, que dans tous les endroits où l'or seul se recueille, aucune sécurité n'existe pour l'individu si ce sont des particuliers qui exploitent à leur compte. Un sur mille quelquefois réussit, après de nombreux périls et une foule de privations, à ramasser une somme suffisante pour entreprendre un commerce régulier, quand les passions ardentes et le jeu n'enlèvent pas au port le fruit d'un dur labeur, comme nous l'avons vu en *Californie*.

Si, au contraire, c'est un État qui exploite une contrée purement aurifère, ou bien si cet État ne considère que l'or dans son exploitation, c'est la ruine et la misère et non la fortune et la puissance qu'il retire de ses travaux. L'Espagne nous a démontré cette grande vérité que *Montesquieu* nous explique dans *l'Esprit des Lois*.

« Lors de la conquête du *Mexique* et du *Pérou*, dit-il, les *Espagnols* abandonnèrent les richesses naturelles pour avoir des richesses de signe qui s'avilissent par elles-mêmes. L'or et l'argent étaient très-rares en *Europe;* et l'*Espagne*, maîtresse tout à coup d'une très-grande quantité de ces métaux, conçut des espérances qu'elle n'avait jamais eues. L'argent doubla bientôt en *Europe*, et le profit diminua toujours de moitié pour l'*Espagne*, qui n'avait, chaque année, que la même quantité d'un métal devenu la moitié moins précieux. Dans le double de temps, l'argent double encore ; et le profit diminua encore de la moitié. Si l'on suit la chose de dédoublement en dédoublement, on trouvera la progression de la cause de l'impuissance des richesses de l'Espagne (1). »

On comprend non-seulement alors la fameuse banque-

______

(1) MONTESQUIEU. *Esprit des Lois*. Livre XXI, chapitre XXII.

route de *Philippe II*, mais encore que c'est au moyen d'autres productions que l'on doit chercher fortune et puissance.

Si maintenant, à côté de l'*Espagne*, qui, depuis cette époque, n'a pu se relever malgré tout son or et à cause de lui (1), nous considérons l'*Angleterre*, nous voyons régner un tout autre ordre d'idées et apparaître des résultats bien différents.

Contrairement aux *Espagnols*, qui regardaient l'or comme précieux et l'agriculture comme inutile à un pays qui possédait ce métal, c'est l'agriculture que les *Anglais* considèrent en première ligne, et l'or, qu'ils regardent comme une marchandise et non comme un moyen monétaire, n'est recueilli que lorsque le hasard le fait rencontrer, sans que les colons passent leur temps à cette recherche. Les règlements coloniaux montrent bien la différence d'esprit des deux nations et le but vers lequel tend le gouvernement anglais. Par ces règlements, mille facilités sont données à l'agriculture, qui appartient au pays et peu aux mines, qui, en général, appartiennent au gouvernement,

____

(1) Depuis que ces lignes ont été écrites, la révolution d'Espagne s'est accomplie. L'Espagne effacera-t-elle son passé ? Attendons l'avenir.

lequel use leurs produits à favoriser le développement des travaux ruraux et du commerce.

Il n'est pas alors surprenant de voir des résultats si opposés : l'*Espagne*, ruinée comme nation et comme puissance coloniale, et l'*Angleterre*, aujourd'hui sans rivale sous ce rapport, possédant l'*Australie* depuis quatre-vingts ans à peine (1), et ayant su, dans un laps de temps si court, la couvrir de villes animées et commerçantes, là où pas même n'existait un village aborigène, de campagnes florissantes dans des endroits où d'inextricables et immenses forêts vierges couvraient le sol. C'est aujourd'hui un pays riche, civilisé, bien peuplé, bien cultivé et appelé aux plus brillantes destinées. Il n'en serait certes pas ainsi si l'exploitation n'avait porté que sur les mines d'or que renferme ce nouveau continent.

Il faut donc suivre la même route.

Fortement convaincu de cette idée, ce sont les productives cultures que l'on peut établir à *Bornéo*, ainsi que cer-

______

(1) Une petite escadre, commandée par le capitaine Philips, partit de Plymouth le 13 mai 1787 et débarqua le 20 janvier 1788 à Botany-Bay, où elle amena dix-sept cents personnes.

taines raisons commerciales et politiques que nous expli-
querons plus loin, qui nous ont déterminé à choisir cette île,
surtout dans les conditions d'armement où nous serons, et
avec les éléments dont nous pourrons disposer pour essayer
de mener à bonne fin cette difficile entreprise. Si l'or
amène la misère d'un État, il excite encore la convoitise
des explorateurs, il entraîne à sa suite la révolte, le massacre et la mort! L'agriculture, au contraire, adoucit les
mœurs, élève les idées et mène sûrement à la fortune un
pays et ses habitants.

C'est ainsi que des considérations morales et d'économïe
politique nous montrent le moyen que nous devons
employer pour réussir, en même temps qu'il nous est
indiqué par des faits existant aujourd'hui et que nous
devons aux *Chinois*. Ce qui nous permet, contrairement à
l'opinion de M. d'Urville, d'arriver à cette conclusion :
que *nous pouvons fonder à* BORNÉO *une colonie sérieuse et
durable*.

La marche à suivre devient alors très-simple : obtenir
ou acheter d'un gouvernement indigène qui, ayant toujours
besoin d'argent ou de ses équivalents, ne refusera pas
une concession de terres dont l'étendue soit en rapport

avec le nombre des colons ; faire rapporter à cette terre tout ce qu'elle est capable de produire ; la travailler exclusivement dans tous ses genres de productions, tant minérales que végétales et animales ; prêter le secours de ses forces et de ses armes à tel ou tel prince suivant les circonstances, et se faire donner de la terre en échange de ses services.

Par ces moyens, l'on obtiendra un résultat certain, et l'avenir sera brillant et plein de promesses. N'est-ce pas ainsi que notre immortel *Dupleix*, abandonné à ses faibles ressources à *Pondichéry*, conquit pour la France l'empire des *Indes* que *Louis XV*, dont le gouvernement était trop faible pour une telle puissance, abandonna aux *Anglais* (1), qui le possèdent aujourd'hui et qui l'ont affermi, ou du moins qui ne se sont soutenus dans cette partie de l'*Asie* que par l'application de ces mêmes principes?

(1) Traité de 1754 par lequel la France, sans compensation aucune, abandonna l'Inde entière à l'Angleterre, qu'elle avait battue et contrainte à demander la paix.

§ IV. DE LA SITUATION INTÉRIEURE A BORNÉO. ELLE EST TRÈS-FAVORABLE A LA COLONISATION.

Se massacrer et se détruire elle-même, tel est le caractère distinctif de la population de *Bornéo*. Tous les voyageurs qui ont pénétré chez les tribus de l'intérieur : *Temminck, Rienzi, Schwaner, Mme Ida Pfeiffer*, etc., sont unanimes pour constater ce fait.

« Certaines tribus des Ngayans, dit le docteur *Schwaner*, en troupe de trois, cinq ou huit personnes, tombent à l'improviste dans les maisons de culture isolées, surprennent les gens désarmés, leur coupent la tête et s'enfuient dans les bois avec ces beaux trophées. Ils n'épargnent ni l'âge ni le sexe, et cependant ce ne sont pas des brigands de profession, mais des hommes, d'ailleurs paisibles et rangés, qui font ces expéditions. Il est vrai qu'ils attaquent ordinairement les membres d'une tribu avec laquelle la leur est en guerre; mais souvent ils commettent ces hostilités sans autres motifs que d'acquérir de la gloire, d'accomplir un vœu, d'honorer un parent décédé ou de satisfaire leur goût pour le carnage. Ces expéditions et celles qu'ils nomment *sarah's*, lesquelles sont aussi de vraies guerres, *sont un grand obstacle à l'accroissement de la population à* Borneo *et à la prospérité du pays* (1). »

Voilà par chacun, en particulier, le meurtre accompli de sang-froid pour satisfaire une vengeance, un désir de fausse gloire, un besoin inné de verser le sang. Voulons-nous le voir maintenant dans les institutions sociales et religieuses? écoutons *Mme Ida Pfeiffer,* qui nous le dépeint d'une façon non moins plausible que celle du docteur *Schwaner* :

« Le même jour, dit-elle, j'allais encore visiter une autre tribu placée plus haut sur la rivière. Tout ressemblait à ce que j'avais vu chez la première; seulement j'y vis deux têtes d'homme nouvellement coupées. L'autre tribu ne manquait certes pas de pareils trophées, mais ils étaient déjà anciens et changés en véritables têtes de momie, tandis que celles-ci, tranchées peu de jours auparavant, avaient un air effroyable. La fumée les avait noircies comme du charbon, la chair était à moitié desséchée, la peau intacte, les lèvres et les oreilles racornies; la bouche, largement ouverte, laissait voir les mâchoires

____

(1) Docteur Schwaner. *Voyage sur la rivière Kahayan.* Bornéo.

dans toute leur horreur. En prenant ces têtes, ils leur crachèrent à la figure; les enfants leur donnèrent des coups et crachèrent par terre. Leurs visages, d'ordinaire si calmes et si tranquilles, prirent alors une expression terrible de férocité. On lit dans beaucoup de descriptions de voyages que les *Dayaks* témoignent leur amour à leurs bien-aimées en déposant une tête d'homme à leurs pieds. Cependant un voyageur, *M. Temminck*, prétend que ce n'est pas vrai. Je serais tentée de me ranger à son opinion : où ces sauvages prendraient-ils toutes ces têtes si tout amoureux devait faire un pareil cadeau à sa fiancée? La triste coutume de la décollation semble avoir pris son origine dans la superstition : car quelque *rajah* tombe-t-il malade, ou bien entreprend-il un voyage chez une autre tribu, lui et sa tribu s'engagent à faire le sacrifice d'une tête d'homme en cas de guérison ou d'heureux retour. Le *rajah* meurt-il, on sacrifie une tête ou même deux. Dans les traités de paix, plusieurs tribus fournissent également de part et d'autre un homme pour être décapité; mais dans la plupart on sacrifie des porcs au lieu d'hommes. S'il a été fait vœu de fournir une tête, il faut qu'on se la procure à tout prix. En ce cas, quelques *Dayaks* se mettent d'ordinaire dans une embuscade, ils se couchent dans l'herbe des jungles, hautes de trois à six pieds, ou bien entre des arbres et des branches coupées, sous des feuilles sèches, et guettent leurs victimes des journées entières. Quelque être humain que ce soit, homme, femme ou enfant, qui approchent de leur cachette, ils lui décochent d'abord un trait empoisonné, puis s'élancent sur lui comme le tigre sur sa proie. D'un seul coup ils détachent la tête du tronc. Le corps est couché avec soin, et la tête mise dans un petit panier destiné particulièrement à cet usage et orné de cheveux d'homme. Ces meurtres deviennent naturellement l'occasion de guerres sanglantes. La tribu dont un membre a été tué entre en campagne; elle ne dépose pas les armes qu'elle n'ait obtenu en représailles une ou deux têtes. Ces têtes sont ensuite rapportées en triomphe au milieu de chants et de danses, et suspendues solennellement à la place d'honneur. Les fêtes qui succèdent à cette vengeance durent tout un mois (1). »

A cette limite, déjà fort grande, ne s'arrête pas le besoin de verser le sang. Le meurtre est tellement entré dans les mœurs des indigènes, il fait tellement partie de leur caractère, que cette fatale passion domine même l'amour

____

(1) *Voyage le long des fleuves Lupar et Kapouas* dans la partie occidentale de Bornéo. — Extrait du Voyage de Mme IDA PFEIFFER autour du monde, en 1852. Traduit par M. DE SAUCKAU. Paris. 1 vol. in-18. 1857. L. Hachette et comp.

des richesses, et que tout, dans leurs habitudes et leurs manières d'être, indique ce qu'ils sont.

« Les *Dayaks* aiment tant les têtes humaines, que toutes les fois qu'ils entreprennent en commun avec les *Malais* quelque expédition de piraterie, ils ne se réservent que les têtes et abandonnent le reste du butin à leurs cupides associés (1). »

« Leurs maisons, dit M. de Rienzi, sont fort grandes et elles sont protégées par des *bintings* ou retranchements, car ils ne rèvent que surprise de village ennemi et embuscades dans les forêts (2). »

Nous pourrions continuer ces citations à l'infini, et toutes nous montreraient la même ardeur pour le massacre dominer dans les mœurs des aborigènes de la grande île. Constamment nous y verrions les *Ngayans* du docteur *Schwaner* faire tomber des têtes ; à chaque instant un *rajah* tombe malade ou entreprend un voyage ; de là la mort pour quelques-uns, suivie d'une guerre sauvage,

____

(1) Même voyage que ci-dessus.

(2) Rienzi. *Description de l'Océanie.* — Les Anglais appellent les Dayas *head-hunters*, chasseurs de têtes ; et les Hollandais, *koppens kneller*, presseurs de têtes.

dévastatrice et meurtrière, allumée par la vengeance. Si à ces maux nous ajoutons l'anthropophagie, qui existe chez quelques tribus, et les courses des *rajahs* pour piller, tuer ou faire esclaves les malheureux vaincus, qui, s'ils ont pu conserver leur vie et la liberté par une fuite rapide, sont, à leur retour, réduits à la plus complète misère et à mourir de faim, nous comprendrons que, quelque accroissement que puisse prendre le nombre des naissances, il ne peut être assez grand pour compenser les pertes incessantes de cette population, qui tend ainsi forcément à disparaître.

Outre ces causes suffisantes pour prédire la ruine de la race aborigène, il en existe une autre : le système féodal, qui les engendre toutes.

M. de Rienzi nous apprend que la forme du gouvernement à *Bornéo* ressemble beaucoup à ce système du moyen âge. Le pouvoir est plus grand chez le sultan que chez nos anciens rois, parce qu'il nomme aux grands emplois; mais chaque *pangueran* (noble) exerce un pouvoir absolu sur ses vassaux particuliers, qui, en haine des pouvoirs supérieurs et pour satisfaire leurs instincts guerriers, ne manquent jamais d'épouser sa querelle, même quand il est en opposition avec l'autorité souveraine.

Ce système est la plus puissante des causes de dépopulation à *Bornéo*, en même temps qu'il est ce qui peut favoriser le plus une occupation. Le colonisateur s'en servant avec habileté trouvera en lui un allié sûr qui lui donnera le succès : car il enlève la force qu'il serait nécessaire d'employer pour s'opposer à un établissement fondé sur des bases sérieuses. En effet, les liens naturels et nécessaires d'un peuple sont le nombre et l'étendue des relations, ainsi que le nombre et l'étendue des idées par lesquelles les hommes communiquent entre eux et se tiennent. Dans un pays comme *Bornéo*, où il y a peu de relations et nulle idée détendue, un État possédant la force d'unité, et par suite pouvant s'opposer à la domination étrangère, est impossible. Ce qui causa jadis la ruine des grands empires de l'*Europe* au *moyen âge* est ici ce qui s'oppose à la formation d'une société pouvant résister à la conquête matérielle ou morale et vivre par elle-même forte et puissante. Comme dans notre *moyen âge*, où la terre était partagée en petites provinces ou grands fiefs, ici elle est partagée en petits districts pour un grand nombre de tribus ayant chacune leurs coutumes et presque une nationalité différente ; mais, quoique l'unité extérieure et visible manque complétement aux habitants de *Bornéo*, ainsi que l'unité de nom et de pouvoir, bien nécessaire cependant, ils pourraient encore former une société s'ils avaient l'unité morale. Cette unité leur manque complétement : les éléments sociaux sont hétérogènes, on ne voit aucune similitude dans les institutions, dans les mœurs, les idées et les sentiments, sauf pour le massacre et le pillage. Les idiomes changent avec les contrées ; aucune centralisation n'existe, chacun cherchant à se tailler un État indépendant, ou du moins un coin de terre, aussi petit qu'on voudra, pourvu qu'il puisse y régner, y satisfaire tous ses caprices et dominer sur ses semblables. Cette domination, domination de l'homme par l'homme, qui, à l'honneur de l'humanité, a toujours rencontré opposition et résistance, est impatiemment supportée. Le despotisme des seigneurs malais étant le pouvoir de l'individu fort sur l'individu faible, la domination de sa volonté personnelle et capricieuse sur son vassal, qui ne voit en lui qu'un homme dont les qualités ne méritent pas toujours le pouvoir, ce despotisme, dis-je, engendre la haine des vassaux, malheureux esclaves dont la sueur engraisse les maîtres oisifs, heureux quand leurs corps ne servent pas à lasser la cruauté de ces tyrans.

De là, dans la personne du chef malais, réside toute son importance. C'est par lui-même qu'il est tout ce qu'il est, ainsi que par ses déprédations. Aussi, quel orgueil, quelle fierté, quelle insolence ne montre-t-il pas! Il n'obéit au sultan, son suzerain, qu'autant que c'est son bon plaisir, et, comme il est polygame, qu'il ne considère la femme qu'au point de vue de l'assouvissement de ses désirs brutaux, la famille n'existe pas, et, à l'opposé de ce qui avait lieu lors de notre *moyen âge*, la femme, qui n'a nulle influence, ne peut mettre un frein aux passions de cet homme ni adoucir son caractère. Il ne reconnaît aucune autorité supérieure, même celle du Sultan, qui n'est pas en état d'imposer sa loi et qui n'est servi que dans l'intérêt de ses féaux.

Les moyens permanents de pouvoir et d'action manquent : point de troupes permanentes, point d'impôts permanents. Les forces, les institutions morales, qui ne servent qu'à l'intérêt et à la cupidité du Sultan et des panguérans, sont en quelque sorte obligées de recommencer à se créer chaque fois qu'on en a besoin. Faut-il juger un accusé? on crée un tribunal; faut-il aller combattre? on crée une armée; les coffres sont-ils vides? des amendes inconsidérées, ainsi que le vol et le pillage à main armée,

les remplissent. Tout est occasionnel, accidentel, spécial :
il n'y a aucun moyen de gouvernement permanent, indépendant, central, et alors aucun individu n'est en mesure
d'imposer aux autres sa volonté et de faire respecter les
droits de tous. La force, la ruse, la perfidie , telles sont
les garanties du droit entre les différentes peuplades ; de
sorte que tout sentiment élevé, toute industrie, tout commerce régulier sont, dès qu'ils paraissent, étouffés par ce
despotisme barbare. Le résultat est la misère générale
entretenant l'oisiveté et les plaisirs de quelques-uns, puis
la mort de tous ; car les panguérans ne sont pas à l'abri des
trahisons, des révoltes, des vengeances et des assassinats
que font naître ce gouvernement et la manière de per-
cevoir l'argent nécessaire à leur existence fastueuse.

« Les revenus des sultans, dit *Temminck*, étaient autrefois fort limités , quoique généralement précaires : pres-
surer leurs sujets, imposer arbitrairement des charges,
exiger de fortes amendes en punition des plus légères
contraventions , emprunter de l'argent aux grands de la
cour ou aux chefs assez adroits pour avoir su s'en procurer, tels ont toujours été, entre les mains de ces des-
potes , les moyens de faire face aux dépenses des armements, à l'entretien des fainéants dont ils sont entourés

et à leur existence oiseuse passée dans les délices du *harem*.
Indépendamment des corvées et des livraisons de riz, de
bois, etc., qu'ils imposent aux tribus des **Dayaks**, ils trouvent encore le moyen d'enlever à ces misérables aborigènes le peu qui leur reste pour subsister durant la mauvaise saison. C'est alors qu'ont lieu ces expéditions dévas-
tatrices et barbares que le souverain entreprend avec les
princes de sa cour et à la tête de hordes armées contre
les districts indépendants. Elles ont lieu dans le but de
leur enlever le peu de denrées ou de produits de leur
industrie qu'ils se sont réservés. Chacun pille et vole ce
qui lui convient, et le malheureux Dayak, dépouillé de
ses moyens de subsistance, est fort heureux si, par une
fuite précipitée, il parvient à sauver sa liberté. Ces princes
font aussi des tournées avec leurs satellites armés; ils donnent à ces excursions le nom de *sarah's* (distribution de
présents); le souverain distribue, en effet, quelques poi-
gnées de sel et des morceaux de fer; mais, comme indemnité de ces cadeaux, il revient chargé des dépouilles de
ses sujets, qu'il laisse plongés dans la plus affreuse misère (1).

Par conséquent, il ne peut y avoir, entre toutes ces peu-

(1) Temminck. *Les Possessions néerlandaises.*

plades et ces tribus, l'union qui leur donnerait la force nécessaire pour résister à des étrangers possédant fortement le désir et la volonté de s'établir sur leur territoire. A plus forte raison, ne peuvent-ils s'opposer à nous, qui voulons nous y établir légalement, en leur achetant la terre, en la cultivant et en leur donnant un bien-être dont ils sont complétement dépourvus.

Dans le cas d'une occupation, l'opposition ne peut être que partielle, puisqu'elle doit être immédiatement profitable à quelques-uns, et les tribus ennemies des tribus opposantes nous aideront, nous colonisateurs, dans notre œuvre de régénération, croyant abattre leurs rivaux en contribuant à assurer le succès de notre entreprise. Les *rajahs* viendront d'eux-mêmes nous demander le secours de nos armes pour asservir les vassaux de leurs voisins, et payeront nos services par de nouveaux priviléges, qui insensiblement nous mettront à la tête de la marche morale de ces peuples, ou nous indemniseront de nos peines par la concession d'un territoire dont les habitants entreront dans la nouvelle nation que l'on veut former, et augmenteront ainsi sa force naissante. Ces gens, intelligents et possédant une nature qui ne demande qu'à être développée et dirigée, comprenant bientôt la différence qui existe entre les résultats que donnent les deux manières d'agir : d'un côté, faiblesse, misère, esclavage et mort ; de l'autre : travail, abondance, force, liberté, tranquillité et fortune, s'attacheront à ces *Européens* qui veulent leur bien-être, qui le leur prouvent, et seront ainsi leur meilleur moyen de propagande. Peu à peu une organisation forte se faisant sentir, des lois pleines d'humanité et appropriées au climat et aux hommes qu'elles doivent régir, succédant à des lois de sang, que la crainte et la superstition, bien plus que l'attachement, font respecter, un peuple puissant se formera, attirera à lui les autres tribus et dominera, sous le protectorat de la *France*, partout où dominent les *rajahs*, qui ne pensent qu'à leurs plaisirs ; partout où dominent les *Chinois*, qui ne pensent exclusivement qu'à produire ; et enfin partout où dominent les Hollandais, qui ne pensent qu'aux florins sans jamais s'inquiéter si ces hommes qui vivent autour d'eux peuvent être bons à autre chose qu'à suer de l'argent sous un pouvoir de fer, et qu'ils sont cependant parvenus à enrégimenter et à transformer en bons soldats (1).

----

(1) En 1816, l'illustre maréchal Daendels rétablit le pavillon hollandais à Bendjer-Massin, incorpora les Dayas les plus turbulents dans les troupes néerlandaises de Java et combattit la piraterie avec succès. — Rienzi. *Description de l'Océanie.*

Pour arriver à ce résultat, il ne faut pas croire qu'il faille un travail énorme, ni qu'il faille brusquement changer, quelque barbare qu'elles soient, les lois qui régissent ce pays. Montesquieu a dit : « Les lois sont les institutions particulières et précises du législateur, et les mœurs et les manières les institutions de la nation en général. De là il suit que lorsqu'on veut changer les mœurs et les manières, il ne faut pas les changer par les lois, cela paraîtrait tyrannique, il vaut mieux les changer par d'autres mœurs et d'autres manières. Il y a des moyens pour empêcher les crimes, ce sont les lois ; il y en a pour faire changer les manières, ce sont les exemples (1). Les lois de *Bornéo*, qui nous paraissent mauvaises, étaient probablement bonnes jadis, avant d'être défigurées et quand elles s'appliquaient au grand empire océanien qui les avait fait naître (2). Aujourd'hui que, depuis longtemps, cet empire est détruit, elles sont mauvaises, ne s'appliquant plus aux causes pour lesquelles elles avaient été faites et dont elles étaient les effets. Malgré cela, les changer serait impossible et ferait détester le réformateur ; mais montrer la fortune, la prospérité par un genre de vie différent : l'agriculture, la civilisation et la

______

(1) MONTESQUIEU. *Esprit des Lois*, liv. XIX, chap. XIV.

(2) L'empire Javan de Madjapahit ou celui qui a peut-être existé à Maloudou.

société bien constituée, c'est là le moyen de faire venir à nous ces barbares et de changer complétement leur état moral et politique.

Si les conquérants du seizième siècle avaient bien compris ce fait incontestable, l'*Amérique* et l'*Afrique* nous seraient entièrement connues; et qui peut dire la quantité de richesses et de bien-être que nous aurions pu en retirer? Mais que peut-on espérer de ces peuples quand le joug qu'on leur apporte au nom d'une religion de paix et de la civilisation qu'on blasphème ainsi est plus lourd à porter que celui qui pèse déjà sur eux ? Vers 1830, à la *Chambre des Communes,* en *Angleterre,* M. *Buxton* disait, à propos des *Australiens :* « Nous les dépouillons de leurs terres, de leurs biens, et petit à petit nous les exterminons. La *Chambre* pourrait bien se rappeler que la vie et la fortune de quatre à cinq millions d'âmes ont été ainsi sacrifiées aux *Indes Orientales ;* qu'au *Cap de Bonne-Espérance,* la population des indigènes s'élevait à un million d'habitants ; que l'*Australie* et la **Polynésie** en comptaient plus de deux millions. Eh bien! partout où l'influence britannique s'est manifestée la population des naturels a beaucoup diminué. En 1803, l'*Angleterre* prit possession de l'île de *Van-Dieman (Tasmanie),* et, depuis, la population indigène a été détruite. La dernière acquisition faite par l'Angleterre au *Cap de Bonne-Espérance* n'avait pas plus de deux arpents d'étendue, et maintenant, à force de porter la destruction parmi les naturels, elle y possède cent vingt mille lieues carrées! » Ce système, il est vrai, a pour résultat, au premier coup d'œil, d'agrandir la colonie, mais au fond, et comme idée générale, qu'en résulte-t-il? Rien ou presque rien, la connaissance géographique et géologique de quelques degrés de l'hémisphère. Tandis que, depuis près de quatre cents ans que l'*Amérique* est découverte, nous ne connaissons pas encore l'intérieur où se sont retranchés les premiers habitants du sol, devenus féroces, de bons, doux et hospitaliers qu'ils étaient à l'époque de la conquête, et qu'ainsi des richesses, peut-être plus considérables que celles que l'on a eues jusqu'alors, ne sont en la possession de personne. Il en est de même aux *Indes*, et le fait est encore bien plus frappant en *Afrique* et en *Australie*. Mais si, au lieu du canon et de la fusillade, ce fût l'amitié et l'humanité qui eussent présidé aux relations des *Européens* et des *naturels* ; si, contrairement à ce qu'ont fait presque tous les navigateurs et les voyageurs qui s'empressaient, pour donner une haute opinion d'eux-mêmes à de pauvres sauvages, de leur montrer tous les produits de l'industrie européenne, ce qui excitait leur cupidité et les rendait voleurs, l'homme, à cet état de nature étant comme l'enfant qui désire tout ce qu'il voit, de là châtiments forcés de la part des blancs, et haine et vengeance de la part des naturels, haine et vengeance qui dure encore aujourd'hui où l'on fait tout ce que l'on peut pour l'entretenir ; si enfin, par une conduite prudente et sage, on leur avait montré qu'on ne désirait être que leur ami et non leur bourreau ; si on n'avait pas blessé leur amour-propre en se moquant de leurs coutumes (1) et en les méprisant eux-mêmes, ils eussent été les premiers à faire, pour ainsi dire, les honneurs de chez eux, et aujourd'hui l'*Amérique* des *Peaux-Rouges* et ses placers, le centre de l'*Afrique* et ses richesses, et l'*Océanie* entière, avec ce qu'elle peut offrir à la civilisation, nous seraient connues et profitables.

Mais ce n'est point ainsi qu'aux siècles derniers on comprenait la colonisation. Le seul moyen d'alors était la conquête, qui entraîne toujours avec elle une quantité considérable de difficultés, auxquelles on est tellement encore habitué aujourd'hui, qu'on ne peut comprendre immédia-

(1) Aucune coutume n'est risible ou toutes le sont. Que quelqu'un vous dise que, dans certaines parties de la Perse, le geste qui exprime le moi est de montrer son nez, on rira ; pourquoi ne rit-on pas aussi quand on dit que l'Européen fait ce geste en montrant son estomac ?

tement qu'il soit possible de changer, sans secousses violentes, l'état moral et politique de ces peuples. C'est cependant ce qui peut très-facilement se faire à *Bornéo*, où, en résumé, les guerres intestines et continuelles qui dévastent cette île, les exactions monstrueuses des sultans et des panguérans, et enfin le barbare régime féodal qui y règne avec son cortége de misères, de malheurs et de spoliations, tendent à faire disparaître la race aborigène, qui, tous les jours, devient de plus en plus faible, ce qui lui enlève le pouvoir de s'opposer à l'arrivée des étrangers.

Le moment est donc favorable pour fonder une colonie dans ce pays, aidé que l'on serait par les discensions qui divisent les différentes peuplades qui l'habitent et par l'état actuel de la population. Cette population est encore assez nombreuse pour empêcher l'empiétement complet de la Hollande, qui reste stationnaire, et celui des Chinois, qui tend tous les jours vers une limite plus grande et menace d'envahir l'île entière. Mais elle ne l'est pas assez pour empêcher une autre nation de s'établir à son tour, de prospérer et de s'avancer en sens inverse des deux premières et de contre-balancer leur puissance, si elle ne la détruit pas complétement par les moyens de colonisation différents et humains qu'elle emploiera, et l'avantage immense, que possède la baie de *Maloudou*, de commander toute la *Malaisie* et d'être au centre de cette partie de l'*Océanie*. Tout à Bornéo est en équilibre chez les trois races qui y dominent : *Européens*, *Asiatiques* et *Aborigènes*. Qu'une force nouvelle vienne se joindre à l'une de ces trois forces, les deux autres seront forcées de disparaître. Soyons cette quatrième force, choisissons les plus faibles, prenons les *Aborigènes*, et l'empire de l'Océanie est à la *France*.

Quant à la barbarie actuelle de ce pays, barbarie constatée par les récits des voyageurs, elle ne doit point effrayer ni faire reculer. Rien dans ces mœurs sauvages ne peut empêcher un établissement de se former en employant les moyens nécessaires pour les faire tourner à son avantage et la marche indiquée à la fin du paragraphe précédent. De plus, si l'on considère que la première tentative doit être faite par des hommes que l'idée de la mort, *et surtout d'une mort utile,* n'arrête pas si elle se présente sur leur route ; si l'on pense que ces hommes ont pour mission de contribuer de toutes leurs forces à réprimer ces scènes de carnage de façon qu'elles ne se représentent plus ; si l'on sent que, par une conduite habile, ils peuvent les éviter à ceux qui viendront s'établir et commercer sous leur protection, et si, enfin, on se rappelle que des scènes de ce genre n'ont pas empêché les *Anglais* de s'établir aux *Indes* malgré les *Thugs* et autres brigands, de s'établir en *Australie* malgré les *Eudamens*, qu'elles n'ont pas empêché les *Hollandais* d'avoir des comptoirs et des cultures à *Bornéo*, ainsi que les *Chinois*, et qu'elles n'empêchent pas les hardis pionniers de l'*Amérique* de reculer leurs frontières malgré les féroces *Peaux-Rouges*, on comprendra que ces mœurs et ces scènes n'offrent aucun des empêchements qu'elles peuvent présenter au premier abord.

Donc, faisant ainsi concourir à notre succès des obstacles qui pouvaient paraître insurmontables, nous voyons que l'état dans lequel se trouve Bornéo, tout sauvage et tout barbare qu'il soit, est, après tout, avantageux pour la fondation d'un établissement et que nous pouvons faire de la France la reine de l'Océanie.

§ V. Productions.

Dans les paragraphes précédents, nous avons vu que la baie de *Maloudou*, par sa situation au centre du commerce océanien et par ses habitants, les plus civilisés de l'île, est le point le plus favorable pour fonder une colonie à Bornéo. Cette partie septentrionale est aussi la plus riche et la plus éconde.

Comme production, on y trouve :

L'OR. Il abonde dans les monts *Kini-Balou*, où il est fort mal exploité par les naturels. Sous la direction d'ingénieurs européens, ces mines pourraient être fort productives. On peut, en outre, acheter l'or aux *Bouguis* à raison de 60 fr. l'once à 22 carats et le revendre aisément 150 fr.

LES PERLES. Les huîtres perlières se trouvent en très-grande quantité. Elles sont peut-être un peu inférieures à celles de *Ceylan* et du *golfe Persique*, quoiqu'elles présentent un

fort bel orient. Moyennant quelques usten-
siles, on peut se les procurer chez les Bouguis et les Biadjaks, et chez les Dayas avec
quelques feuilles de tabac.

LE DIAMANT. Il abonde dans les monts *Kini-Balou*, où
on peut se le procurer directement par
l'exploitation, ou l'acheter à très-bon compte
aux Bouguis et aux Dayas. C'est une des
branches principales de leur commerce.

LE FER. On peut le retirer principalement de
Djellé, où l'acier est fort bien préparé. Il
se rencontre en très-grande quantité dans
toutes les parties de l'île.

L'ÉTAIN. Comme le fer, ce métal est fort commun
à Bornéo, où une exploitation bien entendue
pourrait faire une concurrence dangereuse
pour les mines de *Banka*.

LE ZINC. Il est aussi abondant que les métaux précédents. Aucune exploitation sérieuse n'est

faite, ce sont des richesses qui dorment enfouies sous terre.

L'ANTIMOINE A *Sadang* et à *Sarava*, on trouve des masses inépuisables d'antimoine, qu'on écoule par *Singhapoura*. Tout porte à croire que ce métal peut se rencontrer dans la partie septentrionale de Bornéo dont il est question; en tous cas, le commerce de ce produit pourrait se faire, par la suite, par *Maloudou* au lieu de *Singapoura*. Comme ce commerce est considérable, c'est une branche qui ne doit pas être à dédaigner, elle peut être la source de profits fort grands et faciles à obtenir.

Comme productions animales, on trouve :

LES BESTIAUX De même que dans la partie orientale de *Java*, dans l'île voisine de *Madoura* et celle de *Solor*, on peut élever de nombreux troupeaux de buffles qui sont indigènes de *Bornéo*, des troupeaux de bœufs, de vaches, de moutons, etc., qui feraient ici la fortune d'une colonie comme ils ont fait la fortune du *Cap de Bonne-Espérance* et de la *Nou-velle-Galle du Sud*. Dans les îles indiquées plus haut, on peut se procurer les premières têtes de bétail aux prix suivants :

Bœuf ou vache. . .   de 21 à 42 fr.
Buffles. . . . . . .   de 30 à 60 »

LE BABI-ROUSSA

Sorte de porc. Quoique cet animal pa-raisse dangereux à cause de ses défenses, il vit principalement de végétaux ou de feuilles d'arbres, et se tient ordinairement éloigné de l'homme, cherchant rarement à péné-trer dans les jardins, comme font les san-gliers, pour les dévaster et en détruire les productions. Il s'apprivoise aisément, et sa chair est bonne à manger; mais elle est prompte à se putréfier. *Cosmas Indicopleustes*, moine grec, qui visita l'*Inde* et l'*Abyssinie* au cinquième siècle de l'ère chrétienne, a dé-peint cet animal sous le nom de χοιρέλαφος, *cochon-cerf*, et ce nom répond parfaitement à celui de *babi-roussa,* qui, en malayou, signifie également *cochon-cerf.*

L'ÉLÉPHANT LE LÉOPARD LES RHINOCÉROS BICORNES ET UNICORNES Ces animaux ne se trouvent que dans les districts d'*Oungsang* et de *Païtan,* au nord de l'île.

LE CHEVAL. Il n'existe que dans les districts de *Pandassang* et de *Tampassok,* également au nord.

LA TORTUE. Les tortues de mer abondent à Bornéo, entre autres celle appelée caret, qui fournit l'écaille dont on fait un commerce considérable et assez connu pour qu'il soit inutile de donner sur lui des détails.

L'île de Bornéo possède encore le *maïba* ou tapir bicolore, qu'on parvient à domestiquer, et qui est fort bon à manger ; le *tigre,* le *cervus-axis,* que les indigènes appellent *cerf d'eau ;* la *chèvre,* le *chien,* le *chat,* le *rat,* la *civette,* la *loutre,* l'*ours malais* et l'*ours noir.* On y trouve aussi beaucoup de *landaks* ou *porcs-épics,* qui sont une excellente nourriture. Les vastes forêts de cette grande île sont très-riches en *gibier*, en *gazelles* et surtout en *cerfs* (*roussas*) et en *sangliers* (*babi-houtan*, cochon des bois). Les cerfs sont de la grandeur de ceux d'*Europe*. On y rencontre aussi le *kambing-ountang* ou antilope à crinière grise; sa chair est de bon goût.

L'ornithologie est non moins riche. Des *hirondelles* de diverses espèces, des *perroquets* grands et petits, et qui s'apprivoisent facilement; des *paons* du plus beau plumage, des *ramiers*, des *pigeons*, des *canards* sauvages et autres, des *poules*, etc., s'y trouvent en abondance.

L'ichthyologie, la conchyliologie et la zoophytologie, qui fournit le *tripang*, dont on parlera tout à l'heure, sont aussi fort riches.

On y trouve enfin les *nids d'oiseaux*, dont les *Chinois* sont si friands et qu'on nomme :

LES NIDS DE SALANGANES
(*Hirundo esculenta*).

Ces nids, auxquels les indigènes donnent le nom de *sapang-bouroug*, sont placés dans les crevasses des grottes comme de petits bénitiers. On en fait deux récoltes par an. Leur forme est celle d'un petit bateau ou d'un quart d'écorce d'orange. On les trempe dans l'eau pour les ramollir, et lorsque les fibres mucilagineuses en sont séparées, ces nids entrent comme assaisonnement dans les soupes, les ragoûts et les pâtés. Ils se trouvent en grande abondance dans les districts du nord de *Bornéo*, et sont recueillis par les *Idaans*, qui peuvent constamment en approvisionner tout le commerce de la colonie. C'est une source inépuisable de commerce avec la *Chine*, qui en consomme une quantité énorme.

Il existe trois qualités en ces nids :

La première se compose de nids dans lesquels les œufs n'ont pas encore été déposés, ils sont ainsi plus nets et plus blancs.

Le pikle de 125 livres de ces nids coûte quelquefois jusqu'à } 3000 piastes ou 15000 francs.

Les nids de seconde et de troisième qualité sont ceux que l'oiseau construit à la hâte pour la seconde fois, et ceux dans lesquels les petits ont été élevés. Moins beaux et bien moins propres, ils sont couverts de petites plumes qui ne s'en détachent qu'avec peine ; même avec le secours de l'eau. Enfin les moins estimés sont ceux qui ont été avariés et que l'eau de mer semble avoir cristallisés de son chlorate. Mais les *Chinois*, quoique mauvais chimistes, savent enlever le sel et bien vendre encore le nid en cet état.

Le pikle de **125** livres de la seconde qualité se paie jusqu'à **14000** et **15000** piastres ou **7000** à **7500** francs.

Le pikle de **125** livres de la troisième qualité se paie jusqu'à **700** et **800** piastres ou **3500** à **4000** francs.

C'est un commerce certain et fort lucratif. Les prix indiqués plus haut sont les prix que payent les *Chinois*. A *Bornéo,* les nids ne coûtent que la peine de les recueillir.

L'AMBRE GRIS   Il se trouve en grande quantité sur les côtes de *Bornéo* et des îles voisines. C'est une des principales branches du commerce des *Bouguis* et des *Biadjaks*.

LE TRIPANG   Espèce d'holoturie dont les *Chinois* sont fort friants et qu'ils payent fort cher. Ces zoophytes mous ont fait la fortune de bien des navigateurs de commerce, et constituent une industrie au moins aussi sûre et aussi lucrative que celle des nids de salanganes. Le *tripang* abonde dans ces parages et dans toute la *Malaisie Australe*. Les plus intrépides pêcheurs sont les *Bouguis* et les *Biadjaks*, de qui on peut se le procurer à très-bon compte, si on ne le pêche soi-même, ce qui serait préférable au point de vue du bénéfice. Mais il serait plus politique de se servir des pêcheurs indigènes : les gens que l'on emploie et qui y trouvent avantage ne sont jamais nos ennemis et ne songent pas à la révolte.

La richesse du règne végétal est infinie à *Bornéo*. On y

récolte des céréales; les forêts fournissent d'excellents bois de construction, des arbres produisant des huiles, des suifs, des gommes, des résines, des matières colorantes et des parfums. Les plantes pharmaceutiques y sont fort abondantes, ainsi que les plantes textiles, potagères, fruitières, légumineuses, et celles qui donnent les épices; enfin la canne à sucre y croît naturellement, et le thé, le café et le tabac, avec un peu de culture, y viennent fort bien.

Les céréales sont ·

LE RIZ   Le *Bengale* envoie en *Europe* une grande quantité de riz assez médiocre; celui de *Madagascar* et de *Java* est plus mauvais encore; celui de *Manille* et de *Chine* est meilleur; mais le riz préférable à tous est celui de la *Caroline* en *Amérique*. Il se vend dans les ports européens à un prix deux fois plus élevé que les premiers. Cela tient à la supériorité de la culture américaine sur la culture orientale et au peu de durée de la traversée. Depuis que le riz des *Indes* vient en *Europe*, non en grains comme autrefois, mais avec sa pellicule, qui le protége de la fermentation pendant un si long voyage, l'inconvénient d'une longue traversée a été en partie détruit et l'on a des riz supérieurs aux anciens. Donc, avec une bonne culture, Bornéo peut fournir des riz de première qualité.

Avec la culture actuelle, un acre anglais produit en deux moissons :

A *Mataran*. . . . . 570 litres.
A *Kadou*, en une seule. . . .   641   —
En général, on peut compter sur :
Dans les terres vierges. . . . . 25 à 30 0/0
Dans les marais, avec une
récolte. 25 0/0
Avec deux récoltes. . . . . 15 ou 16 0/0
Ces résultats, et même de supérieurs, surtout en qualité, peuvent être obtenus à *Bornéo*, où la terre est d'une fertilité rare.

LE BLÉ   Celui qui provient des îles ajacentes voisines du *Bengale* est à si bas prix qu'on ne peut l'acheter nulle part à meilleur marché.

Le grain est petit, de couleur foncée et de qualité médiocre, par suite de la mauvaise culture.

Dans les parties un peu élevées de *Bornéo*, une bonne culture ferait produire très-abondamment du blé de très-bonne qualité.

Le riz et le blé, bien cultivés, feraient de *Bornéo* le grenier de l'Océanie.

LE MAÏS Il y croît presque naturellement, et vient ainsi augmenter les richesses alimentaires que donnent le riz et le blé.

Les bois de construction et ceux qui se travaillent d'une manière quelconque sont :

LE TEK Cet arbre est le plus robuste et le plus précieux des bois de construction. Le tek de *Bornéo* est inférieur, il est vrai, à celui de l'*Inde*, mais il est supérieur à celui de *Birmanie*. Il s'élève de quatre-vingts à cent pieds, et sa circonférence atteint jusqu'à huit. Son bois, presque incorruptible, est le meilleur que l'on connaisse pour la construction des navires.

LE LINGOA
(*Pterocarpus Draco*).
Cet arbre utile est presque aussi fort et aussi durable que le tek, et son bois donne un parfum aussi agréable que celui du sandal.

L'ARANG OU ÉBÉNIER
On en trouve plusieurs variétés, mais elles sont inférieures à l'ébène des îles *de France*, de *la Réunion* et de *Madagascar*. Ces espèces sont très-répandues.

LE BOIS DE FER
Il est très-commun et fort employé dans les constructions locales, surtout comme poteaux.

LES ROTANGS
Qu'on exporte en *Europe* pour les monter en canne. La variété appelée *salak*, la seule qu'on cultive, parce que cette plante croît en abondance dans les forêts, produit un fruit dur et acide. Les *salaks* de première qualité se trouvent à *Bornéo*,

LE BAMBOU — Qui sert à tant d'usages et principalement dans les constructions navales et dans toutes celles qui demandent force et légèreté. On le débite en planches, on en fait des liens, des bâtons, des perches et même des flambeaux. Le bambou *tcho* fournit un papier très-solide.

LE SANDAL — Il est, à Bornéo, fort abondant et de première qualité. Il croît généralement sur les montagnes, où on en trouve de trois espèces différentes. Il donne un parfum très-recherché. Coupé frais, il donne une teinture rouge odoriférante très-solide. Il sert en outre pour la fabrication de coffres ou malles qui éloignent les insectes, et d'une foule de petits objets. C'est, de plus, un fort bon bois de construction.

Les arbres qui donnent des parfums sont :

LE SANDAL — Que nous venons de nommer.

LE BENJOIN — Cet arbre précieux croît sans culture et

principalement dans la partie septentrionale de *Bornéo*. Son parfum trouve un débouché assuré en *Arabie*, en *Hindoustan*, en
Chine et en *Europe*.

L'ALOÈS

Dont le parfum, avec celui du *sandal* et
du *benjoin*, est une importante branche de
commerce.

LE CAMPHRIER

On ne l'a trouvé en Océanie qu'à *Sumâtra*
et à *Bornéo*. C'est dans cette dernière île
que se trouve le camphre de première qualité.

Le camphre de Bornéo se vend :

Le pikle de 125 livres. . . . . 1,200 fr.
La même mesure que celui de
Sumâtra. . . . . 800 fr.

Il ne faut pas confondre le camphrier de
Sumâtra et de *Bornéo* avec le laurier camphrier du Japon, dont la valeur est près de
vingt fois moindre.

Le camphre se revend dans l'*Arabie*, la *Perse*, les *Indes*, la *Chine* et l'*Europe*.

Il croît sans culture à *Bornéo*.

Les arbres qui produisent des huiles, des suifs, des gommes et des résines, sont :

LE KANARIUM   Sa noix fournit une huile comestible excellente et la donne en abondance.

LE KOUMING   Il produit une huile fort estimée aussi.

LE BASSIA (*de Linné*).   Le Bassia produit une espèce de suif de couleur jaune que l'on obtient très-facilement en faisant bouillir ses noix. Si le commerce de ce suif se faisait en grand, et si on introduisait cette matière en *Europe*, on pourrait en alimenter les nombreuses fabriques françaises et étrangères ; et comme son prix de revient serait inférieur à celui du suif actuel, on procurerait ainsi un bénéfice réel aux fabricants, ce qui leur permettrait de faire faire à l'industrie de nouveaux progrès.

LE SIBING
(*Myrica sibifera*).

Arbre qui produit de la cire. Il se trouve en grande quantité dans la partie septentrionale de Bornéo.

LE GAMBIR
(*Fuxis uncatus de Rhumph*).

Il produit la substance appelée *gutta-gambir*. On en fait un grand commerce avec les *Chinois*, qui s'en servent pour tanner le cuir, et avec les Hindous, qui le mâchent avec le bétel, car le bétel est très-stomachique.

LE THUY-ARTICULATA

Cet arbre fournit la gomme blanche appelée *sandaraque*.

LE SANG-DRAGON

Il donne la gomme de ce nom.

LE BENDOUR
(*Ficus elastica*).

Cet arbre produit le *caoutchouc*.

LE DAMMER

Qui fournit, sans culture, une espèce de térébenthine, dont les *Malais* se servent beaucoup, surtout pour l'éclairage. Il y en a une variété qui, étant brûlée, donne un parfum semblable à celui du plus pur encens.

Les plantes qui donnent des matières colorantes sont :

L'INDIGO — On le trouve, dans certains endroits, à l'état sauvage. On pourrait donc établir à Bornéo des cultures semblables à celle du *Bengale*.

LE KASSOUBA (*Carthamus tinctorius*). — Cet arbre donne une belle couleur safran.

L'ARNOTO D'AMÉRIQUE (*Fixa Orellana*), — Produit la même teinture que le précédent.

LE TURMERIC (*Curcuma longa*). — Cette plante donne une teinture jaune, mais peu durable.

LE SAPPAN (*cœsalpina echinata*). — Ou *bois du Brésil*. Il croît sans culture et donne une couleur rouge.

LE MENG-KOUDOU (*Morinda citrifolia*). — C'est un arbre, de grandeur moyenne, dont les racines fournissent une teinture rouge. Il est, d'après le système européen, employé comme support dans les plantations de poivre et de café. Il y en a de deux espèces : l'une à petites, l'autre à grandes feuilles (*morinda citrifolia*), (*morinda umbel-lata*). La première seule renferme le principe colorant.

L'OUBAR Sa matière colorante est brune.

Les plantes pharmaceutiques sont :

LE CUBÈBE
Pipar cubeba).

Dont personne n'ignore les propriétés médicales.

LE TAMARIN
(Tamarindus indica).

Ses fruits sont fort estimés. Le commerce que l'on en fait constitue une des branches d'exportation des plus considérables de la *Malaisie*. Les médecins *malais* en retirent un purgatif très-sûr et très-doux. En cas d'érysipèle, ils font un cataplasme très-efficace avec des feuilles broyées.

LE DATURA Il fournit un narcotique dont l'activité est fort remarquable.

LE KAMADO
Urtica Urens).

Cette plante possède des qualités fort stimulantes.

LE RICIN
(*Palma Christi*).

Purgatif bien connu.

LE GODOMOLLO
·(*Artemisia*)

Plante astringente et aromatique.

LE BROMÉLIA-ANANAS

Excellent diurétique.

LE GAMBIR
(*Volcameria inermis*).

Tonique fort en usage parmi les *Malais*.

LE MANDAKAKKI
(*Plumeria*)

C'est une plante émolliante fort estimée.

LE WADOURI
(*Asclepias gigantea*).

Puissant émétique.

L'ANTCHAR

LETCHETTIK

Toxiques violents.

LE KAYOU-POUTI

Il fournit par la distillation de ses feuilles l'huile de cajeput, qui a une grande propriété sudorifique, et qui, prise en friction, enlève les douleurs rhumatismales.

Enfin, le *marbo-maranté*, la *casse*, le *séné*, le *cardamone* et une foule d'autres y croissent en abondance.

Les plantes textiles sont :

LE COTON   Il y en a de deux espèces : le coton her-
bacé et le coton en arbre. Elles croissent
parfaitement toutes deux à *Bornéo* et surtout dans la partie septentrionale. La *France*,
établie à *Maloudou*, pourrait avoir des plantations de coton qui mettraient ses fabriques à l'abri des dures épreuves qu'elles
ont subies dernièrement.

En outre, la *Malaisie* contenant douze
millions d'habitants qui en font une grande
consommation, on aurait un débouché assuré pour écouler ses produits.

Actuellement c'est le coton des *Indes* qui
est exporté dans la *Malaisie*.

LE CHANVRE   Il y vient très-abondamment ; jusqu'à
présent il n'est cultivé que comme narca-
tique.

LE PALMIER-ÉVANTAIL
(*Gabang*).

Avec la nervure de ses feuilles on fait d'excellents cordages. En outre, tous les genres de palmier se rencontrent à *Bornéo*.

LE MASSOY
(*Cortex oninus de Rumph*).

Son écorce se vend en Chine et au Japon.

LE GOMOUTI

Le plus grand de tous les palmiers. Il donne une liqueur saccharine d'un grand usage. Il sert à fabriquer l'*arak* si renommé de *Batavia* et fournit une farine comme le *sagou*, mais dont la qualité est inférieure et dont le goût déplaît aux *Européens ;* elle sert de nourriture aux pauvres.

A l'intersection des branches, sur le tronc, on trouve une substance filamenteuse avec laquelle on fait d'excellents cordages. Ils sont employés dans la marine européenne.

LE BOMBAX

Qui fournit le coton de soie. Il est fort employé dans l'industrie.

LE PHORMIUM-TENAX

Plante textile originaire de la *Nouvelle-Zélande*. L'industrie commence à l'employer et elle est appelée à lui rendre de grands services. La culture et l'exploitation de cette plante donneraient un nouveau développement à l'art textile et permettraient de fabriquer, à très-bon compte, des toiles soyeuses et fort solides.

Parmi les plantes fruitières, potagères et légumineuses, nous remarquons le *bananier*, le *ságoutier*, dont il existe des forêts entières ; le *jack* et son congénère le *champadak*, l'*arbre à pin*, les *mangoustans*, les *dourians*, le *pamplemousse*, le *mangue*, l'*ananas*, le *nona*, le *jambon*, le *goyavier*, le *papaya*, la *grenade*, la *calebasse*, la *gourde*, le *melon musqué* et le *melon d'eau*, les *fraises*, les *pêches*, la *vigne* et les autres fruits d'*Europe*, le *dattier*, le *ravenal* et le *cacao*, le *manise*, le *taro*, le *gadoung*, la *patate*, le *mahi*, le *kedel*, l'*ijo*, la *pomme de terre* et tous les légumes d'*Europe*.

Les plantes à épices sont le *cassia lignea* ou *cannelle commune*, qui croît sans culture à *Bornéo ;* le *gingembrier*, le *poivrier*, le *giroflier*, le *muscadier*, le *massoy*, la *vanille* et le *cannellier*.

Enfin, nous trouvons encore dans cette grande île :

LA CANNE A SUCRE   La canne à sucre croit très-facilement et en grande abondance à *Bornéo*. Rien n'empêcherait d'y obtenir les mêmes résultats que ceux obtenus par les *Hollandais* dans leurs colonies malaises, où les sucres, à raison de leur abondance et du bon marché de la main-d'œuvre, peuvent être livrés à à raison de :

Le pikle de 125 livres.   2 piastres.

Ou...... 10 francs.

Soit pour la livre.....   0 fr., 08 cent.

Ou le sixième du prix des sucres d'*Amérique*.

LE THÉ   Les *Chinois* sont parvenus à acclimater, à Bornéo, cette plante si répandue aujourd'hui.

LE LONTAR   Ce palmier produit un vin que l'on emploie dans les manufactures de sucre.

LE GLOUGO   C'est un arbre qu'on peut acclimater à *Bornéo*. Il est originaire de *Java*, et avec une bonne fabrication il produit un excellent papier.

LE CAFÉ   Par une culture soignée, et en choisissant bien le terrain, on peut récolter à *Bornéo* de fort bon café.

Dans l'*Océanie Hollandaise*, sans compter Java, on récolte

Par an..... 6,000 tonneaux.
Et à *Java*, id...... 150,000 id.

La qualité dépend entièrement du sol.

LE TABAC   Cette plante précieuse pousse presque sans culture. Avec quelques arrosements on lui fait atteindre une hauteur de huit à dix pieds. On peut de là se faire une idée de ce que pourrait rapporter une bonne culture européenne avec un sol aussi fertile.

On peut se rendre compte des avantages

que donnerait cette culture quand on pense qu'avec cette plante on peut se procurer tous les produits précieux des *Dayas* et de quelques autres peuples de la *Malaisie*.

LE BÉTEL
(*Piper bétel de Linnée*).

On en fait un fort grand commerce dans la *Malaisie*. C'est une très-bonne marchandise d'échange.

L'AREKIER

Comme la plante précédente.

LE GINSENG

En chinois *jyn-chen*. Cette plante se rencontre quelquefois à *Bornéo*, par conséquent elle pourrait s'y multiplier par la culture.

Les *Chinois* la prennent pour une panacée universelle et lui reconnaissent de grandes propriétés aphrodisiaques; aussi n'hésitent-ils pas à payer :

Une once de ginseng...... une once d'or.

Ce serait, comme on le voit, un commerce fort lucratif que l'exploitation de cette plante.

Telles sont les productions de cette vaste, belle et riche contrée de *Bornéo*. Quelques-unes seulement suffiraient à faire la fortune d'un grand pays, et la nature prodigue a rassemblé ici tous ses trésors.

Quel immense commerce d'exportation permettent de faire l'*or*, les *perles*, le *diamant*, les *céréales*, le *camphre*, les *nids d'oiseaux*, etc.! Quelle richesse ne procureraient pas des usines pour les *sucres*, les *plantes textiles* et les *plantes colorantes*, ainsi que la culture et la récolte des *épices!*

Quel commerce grandiose pour la France, avec une pareille possession! commerce d'autant plus facile et lucratif pour elle, qu'il lui est possible d'en avoir le monopole, puisque Bornéo est la source principale de toutes les matières premières que nous venons d'énumérer (1).

(1) Voir pour tout ce paragraphe : Rienzi, Maltebrun, et les divers voyageurs qui ont écrit sur *Bornéo*.

§ VI. COMMERCE.

Le commerce de presque toutes les tribus qui habitent *Bornéo* est à l'état d'enfance et se fait au moyen d'échanges fort avantageux pour les *Européens*.

Les *Dayas* excellent dans la fabrication des éperons, des kriss (1), des campilans (2), des gulloks (3), des lances, et sont, dans ce genre d'industrie, quelque grand que soit cet éloge, supérieurs aux autres peuples de la *Malaisie* et même aux *Indous* et aux *Chinois*. Les principaux Dayas sont ceux de *Kayang*, et leur principale bourgade est celle de *Sigao*, éloignée de *Sintang* de vingt-cinq journées de route par eau, dans l'intérieur, et de quatorze journées de *Pon-thianak*. Les tribus dayas de l'est, nommées *Darats*, font, avec les îles *Maratouba*, *Balabalagan*, *Célèbes* et autres îles voisines et avec les *Chinois*, un commerce fort consi-dérable. Ces derniers trouvent chez eux des moules déli-cieuses et de l'excellent *blatjang*, pâte faite avec diffé-

(1) Poignard droit ou en zigzag, souvent empoisonné.
(2) Espèce de sabre droit dont la pointe est plus large que la partie supérieure.
(3) Espèce de poignard.

rentes racines et des crabes pilés. Ces naturels aiment beaucoup les grains de verroterie, ainsi que des morceaux de laiton dont ils se font des ornements. Ils achètent des toiles de coton pour se faire des ceintures qu'ils nomment *tcharouat*, et le tabac, le bétel, l'avia ou opium préparé et le rak sont leurs passions favorites. En échange de ces denrées, on obtient d'eux tout ce que l'on veut; car ils se soucient peu de ces métaux pour lesquels un si grand nombre d'hommes vendent leurs femmes, leurs filles, leur patrie et leur propre conscience. Les *Dayas* purs n'habitent presque jamais les côtes, on les trouve toujours à quelques milles dans l'intérieur, où, ayant un commencement de civilisation, ils cultivent soigneusement leurs *sadangs*, ou terre des pays hauts, tout en sachant tirer parti des terres marécageuses. Ce sont les maraîchers de *Bornéo;* ils font le trafic de leurs excellents légumes ou *katchang*, des cannes à sucre, des *bezoards* (1), des cornes de cerf, de quelques nids de salangane et de la cire qu'on recueille sur les branches des vieux arbres de *Katapan*, mais contre laquelle il faut se tenir en garde, car elle est

(1) Ce sont les pierres ou calculs qui se forment dans différents viscères des animaux. Les Orientaux attribuent des vertus extraordinaires à ces concrétions. Les bézoards de Bornéo proviennent de l'antilope orix, variété de l'antilope ou gazelle à deux cornes,

souvent falsifiée. Un autre bon moyen d'échange avec les *Dayas* sont les jarres de *Siam*, dont les prêtres se servent pour prédire l'avenir en frappant dessus, comme s'ils invoquaient un oracle; par ce fait, ils en font une énorme consommation. Les *Dayas Kayangs* ont du fer et de l'étain dans leur pays; ils les travaillent eux-mêmes et fabriquent aussi de la poudre à canon. La rivière de *Batavia* conduit à *Sibila*, leur chef-lieu, qui s'étend près de la rivière *Mahori;* ils possèdent des fusils et quelques canons. Un peu plus loin, les *Dayas* de *Seravoua* recueillent de l'or et les minerais de zinc et d'antimoine qui se trouvent sur leur territoire. Enfin les *Dayas* de *Matan* recueillent des diamants en barrant les rivières et en faisant, au moyen de vannes, évacuer l'eau chargée de terre. Ils parlent, dans ce district, sept dialectes différents, et leur population est de 24,000 individus.

Les *Biadjous* sont pêcheurs, ainsi que les *Biadjaks*, et font principalement le commerce du *tripang*, des *perles* et de l'*ambre gris*, ainsi que les *Bouguis* de *Célèbes*. Ils exploitent aussi les nids de salangane; mais cette industrie est plus particulièrement celle des *Idaans* et des *Marouts*.

Les autres tribus, presque complétement sauvages, n'ont qu'un commerce accidentel.

Le commerce le plus régulier est fait par les *Malais* et surtout par ceux de la *Sultanie de Varounie (Bornéo)*. Elle dominait jadis une grande partie de l'île; mais elle ne possède aujourd'hui que la côte du nord-ouest et une partie de celle du nord. L'étendue de l'*État de Varouni* est de sept cents milles de côtes, et la largeur de son territoire est de cent à cent cinquante milles. C'est le pays le plus peuplé de cette grande terre. Il confine, d'un côté, aux *Dayas;* de l'autre, aux *Doussouns* et aux *Tataos*. Elle a pour enclave les îles de *Malavelli*, *Banguey* et *Balumbangan*. Cette sultanie serait susceptible de grands avantages agricoles et commerciaux; mais, sous la main desséchante du despotisme qui y règne, tout devient improductif (1).

La ville de *Varouni (Bornéo)* peut passer pour la *Venise* de l'*Océanie*, située comme elle dans un marais, à quinze milles de l'embouchure du fleuve, et dans laquelle les communications ne peuvent se faire qu'au moyen de pirogues. Elle est environnée d'une muraille de pierre, et son havre, formé par une partie des îles qui se trouvent dans la rade, est spacieux et à l'abri des vents. Ses maisons, construites en bois et élevées sur pilotis sur les deux

____

(1) RIENZI. *Description de l'Océanie.*

rives, sont, à la marée montante, baignées par les eaux du fleuve et communiquent de l'une à l'autre par des ponts de bois. Une forteresse, bâtie à quelque distance du fleuve, est seule à l'abri des inondations. Sa population ne passe pas 10 à 12,000 habitants, en partie logés dans trois cents maisons à peu près, outre celles entourées de jardins, que possèdent à la campagne quelques riches *Varouniens*, et en partie sur des bateaux, comme les *Chinois* de la rivière de *Canton*.

Presque tous ces habitants sont *Malais*, sauf quelques *Dayas* musulmans.

Dans cette ville, la plus importante de *Bornéo*, dans cette nouvelle *Venise*, c'est un spectacle curieux et solennel que de voir, au lever de l'aurore, tous les *Malais* et ceux des indigènes qui professent l'islamisme, interrompre leur repas ou leurs plaisirs à la voix du *mouezzin* qui entonne l'*ezann* (*annonce*) de la prière (*namaz*) : *La ila illa lah*, etc. Le *mouezzin*, monté sur le balcon qui entoure le minaret, tourné vers la *Mecque*, les yeux fermés, les deux mains ouvertes et élevées, les pouces dans les oreilles, fait entendre ces versets arabes en marchant lentement autour du *chourfé* (*galerie*), et sa voix forte et harmonieuse, re-

tentissante au milieu du calme et du silence de la ville,
produit, bien mieux que nos cloches, une impression profonde et religieuse sur l'esprit et le cœur même des chré-
tiens et des *Chinois*, dont les religions diffèrent entièrement de celle des *Malais* musulmans.

Cette ville est la plus commerçante de l'île. Elle exporte
du camphre, de l'or en poudre, de la cire, de l'ivoire, des
pierres précieuses, du poivre, du riz, du sagou, de la résine de damner, des bois de construction et d'ébénisterie,
tels que le tek, le lingoa, le bambou, les rotangs, le bois
d'ébène, le bois de fer, le bois de marbo-maranté et toutes
les autres productions de l'île.

Elle fait avec les *Philippines* le commerce de la cire, du
bois de *Siboucao*, espèce de campêche; du tabac, des nids
d'oiseaux, etc.

Avec le *Bengale* elle fait le commerce de l'opium, du fer,
de l'acier, des toiles bleues, des mousselines, du taffetas
et des cotons.

Avec la *côte de Coromandel*, le commerce du sel ou tabac,
des mouchoirs et des châles.

Avec *Bombay*, *Madras* et la *côte de Malabar*, le commerce du coton, des belles étoffes, du bois rouge, du bois de sandal, de la myrrhe, de l'encens, des mousselines de *Surat*, de l'huile, etc.

Avec *Sumâtra*, le commerce du poivre, du benjoin, des étoffes d'*Achin*, de l'arek, du bétel, des rotangs, du riz, des nids d'oiseaux, etc.

Avec les *Moluques*, le commerce de toutes les épiceries de la *Chine*, de la porcelaine, du thé, du sucre, du mer-cure, du zinc, des velours, des papiers veloutés, des papiers peints, des nankins, des parasols, des confitures sèches et liquides, etc., etc.

Avec l'*Europe* par *Singapoura*, le commerce des étoffes de coton et de velours de coton, des indiennes, des draps d'*York*, du fer, de l'acier de *Suède*, des eaux-de-vie, des us-tensiles de cuivre, etc., etc.

Au nord du cap *Datou* (*Tandjong-Datou*), et sur le ter-ritoire de *Varouni*, se trouve la ville de *Kalaka*. C'est le marché commercial du pays *Sédang*, abondant en grains et autres articles d'une grande utilité.

Kimava est située par 5° 30′ latitude nord, au pied de collines charmantes, habitées par trente-cinq mille Idaans. La rivière est presque barrée à son embouchure; mais cette province possède quatre ports qui font un grand commerce avec *Bornéo*.

La province de *Labouk* a trois villes de peu d'importance et d'un faible commerce. Sa baie est magnifique, immense et parfaitement bien située.

Enfin, pour terminer ce rapide exposé du commerce actuel de *Bornéo*, nous ajouterons que les *Chinois* et les *Hollandais* font le commerce des diamants et des métaux.

Les *Chinois* établis sur le territoire de *Sambass* payent un tribu de 250,000 francs au Sultan de ce pays, qui est lui-même tributaire des Hollandais. Le port de *Soungui-Raïah* est fréquenté par les jonques de la *Chine ;* et dans l'intérieur de la colonie, les *Chinois* travaillent aux mines à peu près de la manière usitée au *Mexique.* Ils barrent les ruisseaux de distance en distance, et hommes, femmes et enfants ramassent le minéral précieux. Cette colonie, déjà très-considérable, pourra devenir maîtresse d'une grande partie de *Bornéo*, et elle possède quelques bons ports sur la côte.

Le produit annuel des mines du territoire de *Sambass* est de 89,000 onces d'or ou à peu près **2,741** kil. 250 gr.; et celle de *Matrado*, de 90,000 onces, ou à peu près **2,812** kil. 500 gr., non compris la poudre d'or, qui rend bien davantage. On l'obtient par le lavage, car les mines de *Matrado* ne sont pas assez exploitées. *Matrado* fournit aussi quelques diamants.

L'or de *Sintang, Sangou* et *Landak* est le plus pur ; vient ensuite celui de *Mentchari* et de *Mandor ;* ces endroits sont du ressort de ***Ponthianak.*** Celui de ***Larak,*** de *Salakao* et de *Sampan* est du ressort de *Sampou.*

On compte dans cette résidence de *Sambass* environ 150,000 *Chinois,* vêtus selon l'usage de leur pays et dont la présence prouve que, malgré que les *Hollandais* soient à Bornéo, une autre nation peut s'y établir sans avoir besoin d'employer les armes.

Au point de vue d'une grande colonisation, dans le but d'un vaste commerce intérieur et extérieur, il n'y a pas d'île semblable à *Bornéo* pour présenter des voies fluviales aussi belles, prenant naissance presque toutes au centre de l'île et formant ainsi des routes excellentes pour le commerce intérieur et transporter ses produits dans les ports de la côte.

Ce sont :

Au nord et au nord-ouest les rivières de *Maloudou*, de *Kimanis*, de *Varouni* ou *Bornéo*, de *Barram*, de *Baroulo*, de *Taban*, de *Kayang* et de *Sédang*.

A l'ouest le *Sambass*, le *Kappouas*, le plus grand fleuve de l'Océanie, dans lequel se jettent de nombreux affluents, le *Matam* et le *Kandia-Vandas*.

Au sud le *Kottaringen*, le *Pambouan*, le *Sampit*, le *Mandawa*, le *Kagayan*, le *Bendjermassin* et le *Baritto*.

Et enfin à l'est, le *Kotti*, le troisième fleuve de *Bornéo* après le *Kappouas* et le *Benjermassin;* le *Kaloï*, le *Sega*, le le *Boulougan*, le *Kadang*, le *Tanna*, le *Sambagana*, le *Sibokko*, le *Kinabalangan* et le *Sandakan*.

En outre, aucune vallée n'existe sans une rivière navigable.

Il est vrai que les *Hollandais* jouissent en partie de ces avantages; mais ce qu'ils n'ont pas, c'est une situation comme celle de la baie de *Maloudou*. Cette baie, située par le 5° et le 6° de latitude nord, est non-seulement au centre de la *Malaisie*, mais encore au centre des pays qui fournissent les matières premières du commerce océanien, où l'on peut se les procurer de première main, donc à très-bon compte, ou, ce qui est plus avantageux encore, les recueillir soi-même.

De plus, c'est le point milieu entre les colonies espagnoles, les possessions hollandaises de la *Sonde*, les *Indes* et la *Chine*. C'est là que se croisent les différentes routes maritimes qui servent de communication entre ces divers établissement; par conséquent, c'est un passage fort fréquenté; donc le commerce qui s'y établirait pourrait, par cette proximité des matières premières et des ports dans lesquels on peut les écouler, faire de nombreuses affaires, à fort peu de frais de transport et soutenir très-avantageusement la concurrence avec quelque nation que ce soit. Du reste, un coup d'œil sur une carte de la *Malaisie* suffit pour faire bien voir et comprendre tous les avantages de cette partie de *Bornéo*.

Donc la *France*, établie dans la baie de *Maloudou*, attirerait à elle, par cette proximité et ses marchés avantageux, toutes les matières premières fournies par la terre et la mer, par les îles voisines et la partie septentrionale de *Bornéo;* empêcherait les marchés rivaux de s'approvisionner autrement que par elle, et monopoliserait ainsi le commerce dans cette partie de l'Océanie. Ce monopole lui donnerait, en outre, une grande partie du commerce des *Indes*, tout le commerce de la *Chine* et principalement l'approvisionnement alimentaire de ce pays. Ce serait un moyen de toujours le contenir, d'y conserver et d'y augmenter notre influence et d'en faire sortir la quantité énorme de métal monétaire que le commerce, sauf celui de l'opium, a toujours été impuissant à faire rentrer dans la circulation, en étant, si l'on peut s'exprimer ainsi, les maîtres des estomacs chinois.

Singhapoura (1), ce phénomène de la colonisation com-

---

(1) *Singhapoura (ville du Lion)*, nommée à tort *Sincapour*, présente un phénomène nouveau dans l'économie politique, et semble une preuve vivante de l'excellence des théories qu'a révélées cette science admirable et trop

merciale, serait un voisinage beaucoup plus utile que dangereux ; car ce serait une escale excellente , où une partie des marchandises pourrait être déjà livrée au commerce, et c'est plutôt un entrepôt pour celui de l'Europe que pour celui de l'Océanie , surtout pour certaines branches de commerce, comme le *tripang*, que les *Bouguis* vont pêcher

négligée, par la rapidité avec laquelle cette île est parvenue au degré de splendeur commerciale et de civilisation qu'elle étale aujourd'hui aux yeux du monde.

Hier ce n'était qu'une terre sauvage habitée par quelques pêcheurs et quelques pirates ; aujourd'hui c'est une colonie riche et puissante, où une population active et laborieuse, assemblage d'hommes de toutes les nations, est venue naturaliser les mœurs, les coutumes, les industries les plus variées, et se soumettre, d'un accord unanime, à l'empire d'une même loi et d'une même administration.

C'est un beau spectacle à voir et à méditer que cette réunion bizarre, cet étonnant contraste d'hommes divers, naguère ennemis les uns des autres, rassemblés par l'application d'une belle théorie sur le sol de Singhapoura, où vingt peuples, oubliant leurs préjugés nationaux, se sont donné rendez-vous et se livrent chaque jour à des transactions amicales. Ici se hâte lentement un Chinois à la physionomie grave et réservée, au regard oblique et malin, à la barbe de bouc, et dont la tête rasée et couverte d'une calotte mesquine présente un bouquet de cheveux qui descend en natte jusque sur ses talons ; là un Européen au sourire orgueilleux, aux manières aisées, à la désinvolture citadine ; à côté, quelques groupes de coulis (portefaix) malais avec le mouchoir roulé autour de la tête, ou le chapeau de paille tressée, à forme conique ; plus loin, quelques Arabes et quelques Hindous. Cette nature sauvage et solitaire, qui n'était troublée que par des reptiles et quelques quadrupèdes inoffensifs, a fait place à de jolies maisons de campagne environnées de vastes jardins. Le palais du gouvernement, entouré d'une galerie à colonnes, s'élève non loin d'une hutte malaise ; un temple protestant à côté de l'église catholique, et un cimetière chinois près d'une mosquée. Dans cette rade, où naviguaient autrefois les prahos des pirates ou bien la modeste pirogue d'un pêcheur malais, se heurtent et se croisent les navires européens couronnés de canons et ornés de pavillons de toutes les couleurs, les jonques de la Chine, de Siam et d'Annam, les korokoros des Bouguis, les proms de Bornéo et les pontinos des Philippines.

jusque dans le fond du golfe de *Carpentarie* en *Australie;*
les nids d'oiseaux qui se récoltent à *Bornéo* et à *Célèbes* ;
l'ambre gris, dans la mer des *Moluques* et sur les côtes de
Bornéo et de la *Papouasie* ou *Nouvelle-Guinée ;* ainsi que
les perles, l'or, le diamant et les métaux ; car les lieux où
se récoltent ces matières sont beaucoup plus rapprochés

Enfin Singhapoura, en quelques années d'existence, nous rappelle la brillante
peinture que Fénelon a tracée de l'ancienne Tyr.

Les Anglais formèrent l'établissement de Singhapoura en 1818, au mois de
février ; mais cette île avait été cédée, un siècle auparavant, par le roi de Djohor
au capitaine Hamilton, qui avait fait dans sa patrie des récits exagérés sur sa
fécondité ; toutefois, les colonisateurs modernes n'avaient aucune connaissance
de ce droit préexistant quand ils obtinrent des possesseurs indigènes la portion
du littoral où ils établirent leur comptoir. La possession souveraine n'en fut
confirmée qu'en 1825 au gouvernement britannique, par un traité avec le roi
des Pays-Bas et les princes malais de Djohor, auxquels cette île appartenait.
Cette cession fut faite moyennant la somme de 60,000 piastres et un tribut
annuel de 24,000, payables à chacun d'eux.

Le commerce de cette colonie prit bientôt un essor prodigieux, et la population s'accrut proportionnellement avec la même rapidité. En 1819, 150 Malais, moitié pêcheurs, moitié pirates, occupaient seuls la petite anse de Singhapoura. Lors du premier recensement de la population, en janvier 1824, elle
s'éleva à 10,688 âmes ; en 1828, elle montait à 15,834, sans compter, dans
aucun de ces chiffres, les troupes, les équipages, les condamnés hindous et une
population flottante d'environ 3,000 âmes. Au 1er janvier 1830, la population
s'élevait à 16,634 individus, dont 12,213 hommes et 4,421 femmes. Depuis,
cette population n'a fait qu'augmenter.

Les Chinois y forment la masse générale des boutiquiers, ainsi que des
ouvriers (*) ; actifs, laborieux, intelligents, rusés en affaire, aucun métier ne
leur répugne. Eux seuls s'occupent du jardinage, et ils en retirent des bénéfices d'autant plus considérables que les Talingas et les Malabares, absorbés
dans leurs spéculations, enfermés dans leurs boutiques et dans les entrepôts,
dédaignent d'exploiter eux-mêmes les ressources territoriales du sol riche et
fertile de cette petite île que féconde encore un climat tempéré.

(*) Quelques Hindous exercent aussi le métier de bijoutier. Les Chinois sont les Auvergnats de
l'Océanie.

de la baie de *Maloudou* que de *Singhapoura*, sauf les mines d'étain de *Banka*.

Le commerce intérieur a des avantages non moins grands dans la richesse minérale du sol et la fertilité prodigieuse de la terre.

Comme nous l'avons dit plus haut, cette grande île peut devenir le grenier de l'*Océanie* par ses céréales. Les *Javans* font une exportation considérable de riz à *Sumatra*, à *Malakka*, à *Bornéo*, à *Célèbes* et aux *Moluques*, ainsi qu'à *Ceylan;* ils vont même à l'île de la *Réunion* et à l'*Ile de France*, quand ces îles ne peuvent en recevoir de *Madagascar*.

Ils fournissent :

De 6 à 8,000 tonn. au prix de   5,000,000 de sica roupies,
soit : 12,500,000 francs.

Une colonie française à Bornéo, étant déjà sûre du commerce avec la *Réunion*, pourrait faire aux *Javans* une terrible concurrence, sa culture étant plus soignée et, par suite, ses riz étant de qualité supérieure. On pourrait, en outre, faire des exportations de riz et de blé en *Europe*.

Les nombreux cours d'eau que nous avons indiqués sont un avantage immense pour l'installation d'usines de tous genres et pour faire de beaux pâturages engraissant de nombreux troupeaux. Ces troupeaux fourniraient une chair excellente pour la nourriture des colons et des cuirs qu'on exporterait en *Europe*.

Ces mêmes cours d'eau faciliteraient l'établissement de nombreuses fabriques pour la canne à sucre, les *indigoteries*, les plantes textiles; ce serait une force précieuse pour le transport et le travail des bois, l'extraction des métaux, le lavage des sables aurifères et des terres qui contiennent le diamant.

Enfin, la mer, riche en poissons de tous genres et en phoques, cachalots et baleines, permettrait de faire une concurrence avantageuse aux pêcheries du sud et à celles de *Sydney* et des autres colonies de l'*Australie*.

La *France* serait ainsi la première nation commerciale du globe; car les *Anglais,* en *Australie,* n'ont pas la même richesse fluviale, et, aux Indes, leur commerce ne se fait presque point par les *Hindous,* dont la haine et la vengeance couvent toujours.

Outre la richesse commerciale de la colonie, les commerçants français de l'*Europe* seraient à même d'augmenter leur fortune et leurs relations en envoyant à *Bornéo*
des correspondants qui y fonderaient des comptoirs. Une
ville française, dans la baie de *Maloudou,* serait ainsi les
docks immenses d'un commerce dont la grandeur est inconnue jusqu'à ce jour.

Quant à l'*État,* les avantages qu'il retirerait de ce projet, mis à exécution, seraient non moins grands. Il aug-
menterait ses revenus et se créerait une ligne stratégique
maritime imposante, formée par la *Nouvelle-Calédonie,* les
Marquises, *Bornéo* et la *Cochinchine,* soutenue par l'influence
qu'il exerce en *Chine* et au *Japon,* influence qui serait
non-seulement doublée ou triplée, mais rendue indestruc-
tible par le commerce de la colonie , avec lequel la *Chine*
serait toujours forcée de compter, puisque ce commerce
serait un de ses principaux moyens d'alimentation et de
luxe.

Les stations navales et les navires de la *France* ne seraient plus perdus au milieu de l'Océan ; ils trouveraient
un abri sûr et un ravitaillement certain dans ces parages,

ce qui leur permettrait de tenir la mer quoi qu'il puisse arriver.

C'est ainsi que nous serions au moins les égaux de l'*Angleterre,* comme puissance maritime, coloniale et commerciale, et que la France aurait la gloire de détruire, par sa présence et sa conquête, la piraterie malaise, au cœur de laquelle on se trouverait, comme elle a su abattre et détruire la piraterie barbaresque et conquérir Alger (1).

(1) Voir RIENZI. Les rapports du capitaine Laplacé. Les voyages à Bornéo et enfin un ouvrage sur un projet de colonisation publié en 1839 par le capitaine RIGODIT.

CHAPITRE IV

Papouasie ou Nouvelle-Guinée et Australie

CHAPITRE IV

Papouasie ou Nouvelle-Guinée et Australie

§ I. Papouasie ou Nouvelle-Guinée.

Le pays que nous venons d'étudier serait, sous tous les rapports, le plus avantageux pour fonder une colonie : fertilité reconnue du sol, productions riches et abondantes, civilisation d'un certain degré, capable de comprendre quelque raisonnement, et enfin commerce établi, productif, étendu et position admirable et unique. Mais il se pourrait que quelque obstacle imprévu, insurmontable, ce qui nous paraît difficile et peu probable, survienne et empêche tout établissement; alors il faudrait se rejeter sur d'autres terres, qui, tout en ne présentant pas les mêmes avantages que *Bornéo,* en possèdent encore assez pour ne pas être négligées ou dédaignées. Ces terres sont : *La Papouasie ou Nouvelle-Guinée,* les *îles qui en dépendent,* et l'*Australie.*

La *Papouasie,* cette grande terre des *Papouas,* faussement dite des *Papous,* semble avoir été découverte vers 1511 par les *Portugais Antonio Abreu* et *Francisco Serrano.*

En 1528, *don José Ménesses*, allant de *Malakka* aux *Moluques*, atteignit, à deux cents lieues de là, un port des Papouas, dans lequel les vents et les courants l'avaient en-
traîné malgré lui. Ce port, qu'il nomme *Versija*, quoique
mal désigné, nous paraît être le havre *Dori*.

Deux ans après, le général espagnol *Alvar de Saavedra*
passa deux mois sur la grande île des *Papouas*, qu'il nomma,
d'après la manie du temps, *Islas de Oro*. Tout porte à croire
qu'il a côtoyé la *Papouasie* pendant cinq cents lieues, et
qu'ensuite il s'est dirigé au nord-est.

En 1537, les navires de *Grijalva* visitèrent, près de
l'Équateur, deux îles nommées *Mensura* et *Bousou*, habitées par des *Papouas*. « Les naturels, dit la relation, sont
des hommes à cheveux frisés ; ils mangent de la chair hu-
maine, sont de grands coquins, et se livrent à de telles mé-
chancetés, que les diables vont avec eux à titre de com·
pagnons. » Cette même relation fait en outre mention d'un
oiseau, de la grosseur d'une grue, qui ne peut pas voler,
mais qui court avec la rapidité la plus grande, et dont les
plumes servent aux naturels pour orner la tête de leurs
idoles.

En 1545, *Juigo Ortez de Hatez* paraît avoir reconnu la plus grande partie de la côte septentrionale de la terre des *Papouas*, en relâchant sur divers points et en signalant plusieurs îles nouvelles. Ce fut dans cette expédition que les *Espagnols* donnèrent à cette grande terre le nom de *Nouvelle-Guinée*, par suite de la ressemblance qui existait entre les indigènes du pays et ceux de la *Guinée* en *Afrique*.

Le premier navigateur qui donna quelques notions exactes sur la *Nouvelle-Guinée*, fut le Hollandais *Schouten* en 1616. Ensuite vinrent *Roggewegen* en 1622; *Abel Tasman*, en 1643; puis Dampier, en 1700.

En 1705 eut lieu l'expédition du *Geelwinck*, qui donna son nom à la grande baie qui partage cette terre en deux presqu'îles; malheureusement les documents de ce voyage sont perdus. En même temps que le *Geelwinck*, le capitaine anglais *Funel* vit quelques parties de la *Nouvelle-Guinée; Carteret*, la côte septentrionale, et *Edwars* découvrit, dans la partie méridionale à peu près inconnue, le *cap Rodney*.

En 1753, il fut publié, par *Nicolas Sruick*, une grossière description de la côte septentrionale de cette île. Entre

autres torts, l'auteur eut celui de conserver, dans cet ouvrage, les noms portugais qui ne correspondent nullement
à ceux des explorations plus récentes et plus exactes.

Bougainville aborda, en 1768, près de l'endroit appelé
plus tard, par *M. d'Urville, baie de Humboldt,* et longea la
côte nord. En 1770, *Cook* en fit autant pour la côte sud, où
il aborda près du cap *Walsh.* Vint ensuite le capitaine *Fo-
rest,* en 1774; il entra dans le havre *Dori,* et fut le premier
qui donna des renseignements exacts et authentiques sur
ce pays. Neuf ans après, en 1783, le vaisseau de la *Compagnie des Indes, le Northumberland,* resta près de deux mois
sur les côtes et relàcha probablement dans la baie *Fresh-
water* de *Dampier,* par le 2° 26′ latitude sud.

Les travaux hydrographiques de *Mac-Cluer* eurent lieu
quelques années plus tard, en 1790 et 1791, et en 1792
d'Entrecasteaux reconnut environ quatre cents lieues de
côte. Puis vinrent enfin les voyages de MM. *Duperrey* et
d'Urville.

Toutes ces expéditions n'ont eu pour résultat que de
faire connaître une partie des côtes de cette contrée, dont
l'intérieur est encore enveloppé de mystères et sur lequel

on ne peut avancer que des conjectures ; car on ne peut
avoir la prétention de connaître un pays et les mœurs de
ses habitants, parce qu'on connaît quelques parties de ses
côtes et quelques individus des tribus du littoral. Nous ne
nous étendrons donc pas sur ce sujet, nous contentant d'indiquer que ce pays, qui n'appartient à personne et qui un
jour ou l'autre doit appartenir à quelqu'un, peut bien appartenir à la *France* si elle ne peut s'établir à *Bornéo*.

Dans ce pays, une colonie donnerait encore d'immenses
avantages, soit comme position, soit comme commerce,
ainsi que le montrent les quelques connaissances que nous
avons sur sa botanique, sa géologie et son histoire naturelle
en général.

Les côtes de la *Nouvelle-Guinée* sont généralement élevées. Dans l'intérieur, des montagnes semblent entassées
sur des montagnes, et il y a des cratères dont on aperçoit,
à plusieurs lieues de distance, les flots brillants et écu-
meux des laves qu'ils répandent. Le sol madréporique sur
lequel croissent les forêts vierges, les lits des ruisseaux et
des torrents semés de nombreux cailloux granitiques, et, à
deux ou trois cents mètres du niveau de la mer, les ro-
ches, masses compactes de granit, à angles émoussés, à

faces souvent verticales et aplanies : tout annonce que la charpente entière des montagnes appartient à ce genre de formation regardée comme primordiale par les géologues. Les *monts Arfaks* s'aperçoivent à environ cent cinquante à cent soixante kilomètres, ce qui prouve une grande élévation, quoique leurs cimes soient au-dessous de la limite des neiges perpétuelles sous l'équateur. Ces monts s'élèvent sur cinq ou six plans successifs et se terminent par quelques pitons aigus. Nous croyons rester dans les limites du vrai en indiquant, pour le *mont Arfak*, une hauteur de cinq mille à cinq mille cinquante mètres, et donnant à la chaîne, à l'ouest, qui domine l'*Arfak*, une hauteur de six mille mètres.

La *Papouasie*, mieux connue, offrira des trésors aux botanistes. Ses immenses forêts, du moins dans ce qu'on en connaît, sont composées de gigantesques végétaux, formant souvent deux étages de verdure. Au premier rang des pterocarpus et des mimosa, des ficus, croton, scevola, bruguera, sonneratia, inocarpus et autres espèces, élèvent leurs stipes au delà de plus de trente mètres et s'épanouissent ensuite en hautes cimes qui grandissent encore dans une égale proportion. Du sommet de ces arbres pendent des rameaux déliés en forme de cordes, et auxquels s'attachent d'énormes lianes. Au second rang, on voit des arbres moins élevés, tels que le tek, le lingoa, le bois de fer et le casuarina; des hibiscus, des pandanus, des hernandias, des palmiers du genre areca; des corypha, sagus, cycas : tous ces arbres hauts de vingt à trente mètres. De maigres arbrisseaux, privés de soleil, croissent à l'abri de cette double voûte, où l'on ne trouve que rarement des plantes herbacées, sauf des orchidées, des cannées, des légumineuses et des fougères parasites ou lycopodes, communes sous l'équateur.

On doit mettre au premier rang des végétaux de la *Papouasie* le cocotier, le caryata urens, l'ébénier, l'arbre à pain, dont quatre produisent assez pour la nourriture d'un homme pendant l'année; le kanarium, le muscadier uviforme, le sagoutier, le cicas circinalis, végétal ambigu qui semble tenir le milieu entre les grandes classes naturelles des monocotylédones et des dicotylédones, et dont les *Papouas* mangent les amandes après les avoir fait griller; les choux palmistes, le bambou, le latanier, le massoy, espèce de laurier-cannellier dont l'écorce est fort recherchée des *Chinois;* le dammer, le muscadier et le vaquois. Les *Papouas* cultivent, en outre, de jeunes hibiscus, des arums, des ignames, des taros, un petit haricot fort délicat, nommé *abrou*, et d'autres légumes.

Parmi les animaux qui habitent les forêts, nous citerons : le *babi-houtan* (*cochon des bois, sanglier*); le chien papoua, sauvage ou demi-sauvage, suivant le degré de civilisation des indigènes, dont il est plutôt l'associé que le serviteur; le kangarou, et des mammifères carnassiers du genre péramèle.

Ici, l'ornithologie est aussi belle que riche et romantique. Les kalaos de *Dori* au vol bruyant; le ramier cuivré et le pigeon blanc, qui se nourrissent de muscades et fournissent un manger excellent; le kakatoua, dont l'aspect méditatif semble annoncer un oiseau philosophe; les koukals, les perroquets, le papoua bleu, le lori rouge et les perruches de toutes nuances; des tourterelles jolies et roucoulantes; de gros et admirables pigeons gouras, dont la crête de longues plumes, rangées au-dessus de leur tête, ressemble de loin à une couronne; des nikobars aux couleurs métalliques; des martins-pêcheurs pleins de grâce; l'admirable menure-lyre, et, par-dessus tout, et dans toutes ses diverses espèces, le paradisier, dont le cri rauque contraste avec son magnifique et gracieux plumage ; et le maïnate, qu'on y voit rarement et qui est, d'après certains auteurs, susceptible d'un certain degré d'éducation comme le merle, le bouvreuil et l'étourneau en *France :* tous ces êtres de la terre et de l'air animent les forêts de la *Papouasie,* et font entendre à la fois leurs cris sauvages, leurs voix glapissantes ou leurs chants mélodieux, qui causent, dans les forêts équatoriales et tropicales, un bruit qui n'a jamais paru plus grand dans les lieux les plus fréquentés des grandes villes d'*Europe :* *Londres* ou *Paris.*

Les serpents, les crocodiles bipocartus ou à double arête ne sont pas rares dans la *Papouasie.* Pour ce qui est de l'intérieur de cette grande terre, nous ne pouvons rien affirmer sur les animaux qui y vivent ; mais tout fait supposer que, s'ils n'y sont déjà, tous ceux qui vivent à *Bornéo* ou qui peuvent y vivre sont dans ce pays ou peuvent s'y acclimater facilement.

Les rivières sont poissonneuses et roulent des paillettes d'or. La mer fournit en abondance tous les poissons qui vivent dans ses eaux et les grands mammifères qui respirent à sa surface. Elle fournit encore à l'amateur de conchyliologie des auricules de Midas, des mélanies, des cas-

ques, des harpes, des marteaux d'une grande beauté, etc.;
des tortues à écaille et de gros morceaux d'ambre gris;
enfin la *Papouasie*, avec les îles de *Maïndanao, Célèbes* et
Bornéo, est l'*Eldorado* de l'*Océanie* (1).

Quant à ce que peut l'agriculture dans ce pays, voici ce
qu'en dit *M. d'Urville* : « Les terres cultivées ne commen-
cent qu'aux villages et s'étendent tout le long de la rive
septentrionale du canal (*havre Dori*). La terre est d'une
nature, si riche qu'il suffirait de la remuer et d'arracher les
mauvaises herbes pour obtenir les plus abondantes récoltes.
Mais les *Papous* (*Papouas*) sont aussi paresseux que peu
intelligents en fait de culture, et les plantes alimentaires
sont le plus souvent étouffées par les plantes parasites.
Les plantations d'arums seules m'ont paru un peu plus
soignées (2). »

Nous retrouvons ainsi les mêmes productions, la même
fertilité et la même richesse végétale qu'à *Bornéo*. La
formation géologique des deux terres étant à peu près la
même, la *Papouasie* doit fournir les mêmes richesses minérales. C'est, en outre, l'endroit principal de l'*Océanie* où

(1) Malte-Brun. *Océanie*, tome XII, page 217.
(2) Voyage de *l'Astrolabe*. Dumont d'Urville, tome IV, page 60.

l'on recueille l'ambre gris et les huîtres perlières. Mais ici, comme à *Bornéo*, un des plus grands commerces qu'on pourrait faire serait celui des huiles de poisson : car dans ces parages abondent les baleines et les cachalots.

Les deux différences qui existent entre la *Papouasie* et la *grande terre de la Malaisie*, différences qui doivent faire préférer de beaucoup *Bornéo*, sont donc d'abord la situation, qui de centrale devient périphérique, et éloignée à l'extrémité du plus grand diamètre; et ensuite une population sauvage, avec laquelle il serait plus difficile de s'entendre qu'avec les *Malais*, qui ont eu un commencement de civilisation et dont la langue est connue. Néanmoins, comme ce serait là les deux seules infériorités existantes, infériorités compensées peut-être par des qualités que nous ignorons, et que, de plus, comme cette île présente tous les avantages que dans les chapitres précédents nous avons reconnus au point de vue général de la colonisation en *Océanie*, nous en concluons qu'elle ne doit pas être dédaignée. D'autant moins dédaignée que les Hollandais, jaloux d'étendre leur puissance commerciale, ont deviné tout ce qu'ils pouvaient tirer de cette grande terre sous ce rapport, en fondant un petit établissement dans la *baie du Triton*.

Enfin, autour de la *Papouasie* sont d'autres terres encore :
comme l'île de *Vaigiou*, l'archipel *Salomon*, la *Nouvelle-Irlande*, la *Nouvelle-Bretagne*, le *Nouveau-Hanovre*, qui
sont encore vierges de toute colonisation, tout en pouvant
donner naissance à de riches colonies et servir d'avant-postes au nouvel État qui se formerait à la *Nouvelle-Guinée*,
ou remplacer encore avantageusement cet État s'il ne
pouvait parvenir à se créer.

Ce n'est donc pas la terre qui manque à la France pour
coloniser. Que lui manquera-t-il ? Rien, si, comme tout
l'indique, elle possède aujourd'hui la bonne volonté.

§ II. Australie.

Il nous reste maintenant à examiner ce que l'on peut nommer le continent océanien, c'est-à-dire l'*Australie*. Les admirables travaux de l'*Angleterre,* dans la partie de l'est, dans la région méridionale et dans celle de l'ouest, sont assez à la connaissance de tous pour que nous n'en disions rien ; ce sont, du reste, les seuls endroits de cette vaste terre sur lesquels on ait des données positives, ainsi que sur leurs productions. Mais jusqu'à ce jour les régions du nord-ouest sont restées profondément inconnues et s'offrent à nos investigations, si nous ne pouvons réussir dans les pays qui viennent de faire l'objet de notre étude.

« L'intérieur de l'Australie, dit *Malte-Brun,* se dérobe entièrement à nos regards ; aucun golfe, aucun fleuve n'a permis d'en franchir la mystérieuse enceinte. Un immense désert de sable y engloutit-il les eaux pluviales? Les vents brûlants, qui de tous côtés s'exhalent de ce continent, semblent favoriser cette opinion. D'un autre côté, les inégalités d'un sol aussi étendu, l'élévation des montagnes, l'abondance des pluies dans la zone torride, rendent probable l'existence de quelques rivières. Des fleuves sans nom apportent-ils obscurément le tribut de leurs eaux dans le sein de quelque mer intérieure (1)? Ce continent apparent n'est-il que la bordure d'une immense lagune, semblable à celle des petites îles de la *Polynésie*, mais dessinée sur une échelle colossale? ou les embouchures de ces rivières ont-elles échappé aux recherches rapides des navigateurs? Se trouvent-elles au fond de ces golfes et canaux, qui probablement partagent en plusieurs grandes îles et péninsules la *Terre de Witt?* Sont-elles cachées, comme celles des rivières de *Madagascar*, derrière l'enceinte de marais qui bordent la *Terre d'Edels?* »

« Ces questions seraient promptement décidées par une expédition mieux combinée et mieux conduite que celles qu'on a jusqu'ici envoyées à la *Nouvelle-Hollande*. Cinq bâtiments transporteraient, dans le *golfe Bonaparte*, une centaine d'hommes doués de quelque instruction et de beaucoup de courage. Munis de toutes sortes d'armes, ils amèneraient avec eux un certain nombre de bœufs achetés à *Buenos-Ayres*, de mulets pris au *Sénégal*, et de chameaux,

---

(1) Les dernières explorations apportent quelque changement à ces opinions.

dromadaires d'Afrique ou d'Arabie. Les bœufs traversent les taillis et les bois ; les mulets marchent d'un pied ferme sur les escarpements, les montagnes ; les dromadaires parcourent les déserts ; ainsi, quelle que soit la nature du sol dans l'intérieur, on ne serait jamais pris au dépourvu. Le chien, fidèle ami de l'homme, ne serait pas oublié ; son instinct heureux indiquerait : ici du gibier, là une source d'eau cachée ; même un animal immonde, mais qui découvre souvent, en remuant la terre, des racines alimentaires, ne serait pas exclu de notre troupeau. La compagnie, semblable à une tribu momade, se nourrirait de la chair de ses bestiaux dans le cas où elle ne trouverait pas de kangarou ou autre gibier. Elle serait munie d'un ballon aérostatique pour servir à reconnaître de loin les obstacles qui pourraient se présenter. Au moment où elle entrerait dans l'intérieur, les bâtiments partiraient, l'un pour la côte orientale et la *baie des Passages*, l'autre pour le *golfe de Carpentarie*, le troisième pour l'*entrée de Dampier*, sur la côte nord-ouest ; le quatrième, pour la *rivière des Cygnes ;* tous les quatre, montés par le moindre nombre possible de matelots, iraient toucher à *Timor*, ou même à l'*Ile de France,* pour se charger d'autant de rafraîchissements qu'ils pourraient en porter. Arrivés à leurs stations, et en attendant l'expédition de terre, ils tenteraient, au moyen de petites embarcations, de pénétrer derrière les archipels de la côte, et de remonter les canaux ou fleuves qui pourraient y exister. On fixerait un terme au bout duquel ces bâtiments, cessant leurs recherches et leur attente, retourneraient au *golfe Bonaparte*. L'expédition de terre se dirigerait d'abord, s'il est possible, sur le *golfe de Carpentarie* ; elle trouverait probablement, dans cette traversée, des chaînes de montagnes dirigées du nord au sud, comme le sont les péninsules, et par conséquent elle passerait par les vallées. Si, contre toute attente, des chaînes placées dans une direction transversale l'arrêtaient dans sa marche, elle se replierait à l'est sur la *baie des Passages* ; ou au nord-ouest, sur l'*entrée de Dampier* ; ou au sud-ouest, sur la *rivière des Cygnes*. Il paraît impossible que tous ces chemins soient en même temps fermés par des déserts ou des montagnes inaccessibles. On consacrerait, d'ailleurs, une année ou dix-huit mois à cette marche ; ce qui, pour la plus longue des quatre routes, ne ferait qu'une à deux lieues par jour. Enfin, dans le cas le moins favorable, on reviendrait au *golfe Bonaparte* ; on expédierait le cinquième bâtiment pour rappeler les quatre autres, et on irait, avec toutes les forces restantes, tenter une invasion moins difficile, une traversée moins longue. Telles sont les bases de ce projet que nous avons discuté avec *M. Péron*, et auquel ce voyageur éclairé, infatigable et intrépide, ne voyait d'autre obstacle insurmontable que l'existence, selon lui très-probable, d'une immense mer de sable répandue sur tout l'intérieur de ce continent. Cependant comme le désert central de l'*Asie* et même celui de l'*Afrique australe* nourrissent dans leurs oasis des troupeaux et des pasteurs, notre tribu nomade trouverait probablement aussi quelques lisières de verdure, quelques sources et lacs d'eau douce, surtout immédiatement après la saison des pluies. La santé des voyageurs sur ce sol inconnu, et peut-être empreint de vapeurs malfaisantes, serait garantie par l'usage constant de coucher dans des hamacs suspendus aux branches des arbres. Mais il serait aussi déplacé qu'inutile de discuter toutes les modifications qu'un semblable plan peut admettre : bornons-nous à souhaiter qu'une fin prochaine des contestations qui divisent les nations éclairées de l'*Europe* leur permette de diriger leurs efforts vers des découvertes d'un intérêt général (1). »

Ce que *Malte-Brun* proposait au point de vue seul de la science, ne peut-il pas être considéré à un point de vue plus étendu : au point de vue de la science et de la colo-

(1) MALTE-BRUN. *Océanie,* tome XII, page 217.

nisation ? En se servant des découvertes récentes, on peut employer ce plan pour atteindre le but que l'on se propose en concentrant seulement ses efforts dans la partie nord-ouest où l'Angleterre n'a pas encore écrit : *Dieu et mon droit*.

Aujourd'hui que l'esprit des voyages semble renaître en *France*, que des hommes nombreux et hardis entreprennent des excursious de géant dans l'*Afrique centrale*, et dont les travaux ont pour but et pour résultat d'étendre nos relations et notre puissance coloniale au *Sénégal*, sur les rives de la *Gambie* et sur la terre de *Gorée*, ne serait-ce pas un beau programme à satisfaire pour des *Français*, que de conquérir sur le mystère et les éléments ces vastes contrées seulement foulées par les pieds d'une race d'hommes peu différents de la brute, et d'arrêter l'*Angleterre* dans sa conquête complète de ce continent, conquête qui arrivera avec le temps si une barrière européenne ne s'y oppose. Depuis 1857, quatre voyageurs : MM. *Mac-Donald-Stuart*, *O'Hara Burke*, *Landsborough* et *Mac-Kinlay*, ont traversé l'*Australie* du nord au sud. Malgré les dures fatigues qu'ils ont endurées et les privations qu'ils ont eu à supporter, leurs voyages prouvent que les immenses déserts supposés per *Péron* n'existent pas et que la végétation, si elle n'a pas dans le nord et l'ouest la même vigueur que dans l'est et le sud, n'est pas pour cela moins abondante, par suite les mêmes travaux accomplis dans le sud feraient ici des colonies à peu près semblables. Du reste, les Anglais, sous l'administration des colonies du sud, ont fondé l'*Australie du Nord*, comprenant l'*île Melville*, le *port Essington* et l'établissement d'*Escape Cliffs*. Profitons donc de ce qui reste de ce continent, c'est-à-dire de l'espace de quatorze degrés, compris au nord-ouest entre les caps *Talbot* et *Londonderry* au nord, et la rivière *Murchison* dans la *baie Gauthaume*, à l'ouest.

Le faible chiffre de la population indigène qui, dans ce pays, grand comme les quatre cinquièmes de l'*Europe*, n'est pas supérieur à 200,000 individus ; les moyens qu'emploient les naturels pour empêcher l'augmentation de ce chiffre : la mort des enfants de sang mêlé, de ceux qui naissent des autres femmes que de la première épousée (1), de l'un de deux jumeaux, ainsi que la mort de ceux qui viennent au monde quand la famille est déjà nombreuse ; la facilité avec laquelle ces sauvages se détruisent les uns et les autres, toutes ces causes facilitent une occupation

---

(1) COLLINS, page 450. CUNNINGHAM. Two years in New-South-Wales.

étrangère sur cette terre où les tribus, toujours ennemies entre elles et fort peu nombreuses, ne se réunissent jamais ensemble, sauf pour quelques parties de chasse, et encore ne le font-elles qu'en très-petit nombre (1).

Le mystère profond qui règne sur ces contrées nous empêche de définir exactement les productions qu'elles renferment ; mais, d'après ce que nous savons de la partie connue et des îles qui se trouvent sous la même latitude et dans le même hémisphère que la terre qui nous occupe, nous pouvons supposer que les productions sont les mêmes, ou à peu près, que dans la *Malaisie*, en y joignant celles propres à l'*Australie;* productions que nous ont suffisamment fait connaître les colonies anglaises de l'est et du sud.

De la prospérité de ces mêmes colonies, nous pouvons conclure qu'un établissement français en *Australie* serait très-avantageux pour notre pays, et, en considérant la position de la côte nord-ouest, par rapport aux autres contrées de l'*Afrique,* de l'*Asie* et de la *Malaisie,* nous voyons que, quoique cette situation soit moins avantageuse que

(1) Cunningham. Two years in New-South-Wales — Rienzi. *Description de l'Océanie.*

celle de *Bornéo* et même de la *Nouvelle-Guinée*, elle ne nous en mettrait pas moins dans une situation très-favorable en *Océanie*. En outre, si les productions du sol ne peuvent être supposées que par analogie, nous connaissons celles de la mer. Tous les grands cétacés de l'Océan se donnent rendez-vous sur les côtes de l'*Australie*, surtout dans l'ouest, où les coraux ne sont pas entassés comme dans l'est; et la pêche du cachalot, du phoque, du morse, du dayoung, de la baleine, des huîtres perlières, du tripang dans le *golfe de Carpentarie*, et du caret ou tortue qui fournit l'écaille, serait déjà une branche d'industrie fort productive en même temps que très-lucrative. Quant à la terre, le moyen des chameaux et des bœufs, proposé par *Malte-Brun*, moyen que les Anglais, par extraordinaire, n'ont pas encore exploité en grand, donnerait en peu de temps la connaissance des ressources du sol et nous permettrait de fonder un établissement contre lequel les naturels, vu leur petit nombre, ne pourraient rien tenter de défavorable.

Il est vrai que les bras manqueraient pour faire les premiers travaux de défrichement et cultiver la terre; mais, en transportant des *Chinois*, ces hommes laborieux et patients, et des émigrants allemands et irlandais, éminem-

ment pionniers et défricheurs, on préparerait le terrain;
de sorte que, par la suite, les colons français trouveraient
des terres déjà cultivées qu'ils pourraient acheter moyennant fort peu de chose, ou bien ne seraient pas perdus
dans un désert sans avoir autour d'eux des hommes qui
leur rappelleraient la civilisation (1), qui les soutien-
draient et leur faciliteraient les moyens de faire de cette
contrée sauvage et inhabitée un pays civilisé, avec ses
villes, ses routes et ses campagnes fertiles, comme nous
en avons un exemple frappant dans les colonies du Sud.

Quelles seront les destinées de ces colonies lointaines?
quel sera l'avenir de ces nations qui grandissent aux extrémités du monde? Ce continent où elles sont établies
doit, par la force de la position qu'il occupe, devenir un
jour le centre de grandes relations commerciales et politiques entre l'*Asie*, l'*Amérique* et même l'*Afrique*. Par ces
colonies et ces nations nouvelles, la civilisation aura fait
le tour du *Monde*. Aujourd'hui l'*Australie* compte ses
villes; avant un siècle elle comptera ses nations, et, si nous
n'y prenons garde, l'*Angleterre* y sera représentée *par des*

(1) Ceci est important : car ce que les Français redoutent le plus, c'est la
solitude.

peuples et la *France* par des *familles*. Triste pensée!...
L'honneur du savoir est sauf parmi nous; mais en a-t-il
été toujours de même d'autre chose?... Quel serait l'étonnement de MM. *d'Entrecasteaux, du Rossel, Labillardière,
Baudin, Péron, Bontemps-Beaupré*, etc., si, revenant dans
des lieux qu'ils ont vus jadis déserts et couverts de forêts,
ils voyaient, devant une jolie ville, des vaisseaux à l'ancre,
une population nombreuse, étendue dans un grand espace, des fermes charmantes couvrant la campagne, des
voitures, des chemins de fer, des journaux, enfin tous
les agréments de l'Europe transportés là où ils n'eurent
que des privations à supporter dans les importants et magnifiques travaux hydrographiques qu'ils y exécutèrent!
Quel serait leur étonnement, en voyant ces plages arides
que les *Anglais* viennent de coloniser!

Ces merveilles, ces changements pour ainsi dire à vue,
qui nous empêche de les accomplir aussi? Rien. Et c'est
grâce à des hommes hardis, voyageurs infatigables, se
mettant à la tête d'entreprises de découvertes et de colo-
nisations, que l'*Angleterre* s'est élevée à cette grandeur
étonnante, à propos de laquelle on a tant déclamé sans
penser à en faire le sujet d'une noble émulation.

Ainsi donc, la carrière nous est ouverte; c'est à nous à ne pas laisser échapper l'occasion qui se présente actuellement et qui, dans peu, ne se présentera peut-être plus. Une autre nation peut nous devancer et nous enlever la possibilité que nous avons aujourd'hui de vivre matériellement dans l'avenir. Le travail de la nature dans les mers du sud, de nombreux volcans en activité, des îles apparaissant tout à coup, le corail qui constamment construit la charpente des continents futurs, et envoie à la surface leurs points culminants que la mer couvre de limon, où l'herbe pousse, puis un arbre, puis une forêt et forme une île habitable; tout enfin nous montre que, plus tard, la terre peut bien être là où se trouve aujourd'hui la mer. Que serons-nous alors si, négligeant ces avertissements de la nature, la France, oublieuse de sa gloire et de son avenir, n'implantait pas sa race dans ces contrées lointaines, pour être la France du nouveau monde comme elle est la France de l'ancien, c'est-à-dire un foyer de civilisation, de science, d'art et d'industrie !

RÉSUMÉ ET CONCLUSION

RÉSUMÉ ET CONCLUSION

Lorsqu'on regarde une carte de l'*océan Pacifique*, deux choses frappent les yeux : la première, c'est que, dans un grand nombre d'endroits et sur de grandes terres, flottent les pavillons anglais, espagnols et hollandais, et que, sur presque aucun point, nos brillantes couleurs nationales ne sont arborées ; et la seconde, c'est que de vastes territoires, encore inconnus, s'offrent à nos investigations.

Dans ces vastes mers, les îles d'*Ormus* et de *Keschmi*, et la résidence de *Bouchir*, donnent à l'*Angleterre* le commerce du *golfe Persique* et des pays arrosés par les grands fleuves qui s'y jettent. *Socotora* est une possession précieuse pour la côte orientale de l'*Afrique*, l'entrée de la *mer Rouge* et l'*Abyssinie*. *Poulo-Penang* commande le *détroit de Malakka*, *Singhapoura* le passage de l'*Inde* en *Chine* et dans la *Malaisie* orientale et septentrionale ; les îles *Melville*, *Bathurst* et *Labouan* lui sont un moyen de disputer les épiceries des *Moluques* aux *Hollandais* et de pénétrer au centre de la *Malaisie* pendant que le *Cap de*

Bonne-Espérance, l'*Ile de France* et les *Séchelles* lui assurent la suprématie dans l'*océan Indien ; Sainte-Hélène,* ses traversées du *Brésil* aux *Indes,* et enfin que l'*Australie,* qu'elle occupe presque tout entière, lui permettra, si on la laisse faire, de former un État formidable qui remplacera la perte des *Indes* si une révolution quelconque les lui enlève.

Tandis que la *France,* qui, en *Europe,* sert de contrepoids à la *Russie* faisant sur terre ce que l'*Angleterre* fait sur mer, ne possédait pas, il y a quelques années, un pouce de terre en *Océanie ;* ses hommes d'État trouvaient ces régions trop lointaines pour s'en occuper ; ils les dédaignaient parce qu'ils ne les connaissaient pas, comme si la *Nouvelle-Galles du Sud* et la *Tasmanie,* dont les progrès les étonnaient, étaient moins ignorées à *Paris,* au commencement du siècle, que le sont aujourd'hui *Bornéo,* la *Papouasie,* les archipels de la *Polynésie* et le nord-ouest de l'*Amérique.*

On se bornait à faire doubler le cap *Horn* ou celui de *Bonne-Espérance* par quelques bâtiments armés, trop peu nombreux pour paraître partout où l'exigeait l'intérêt du commerce français, et trop faibles pour inspirer du respect à des peuples toujours en proie aux révolutions et à peine sortis de la barbarie. Dans aucun endroit du globe on ne voyait nos établissements militaires et commerciaux; sur aucune terre et même sur aucun rocher ne flottait le pavillon tricolore, au milieu de cette immense mer du Sud parsemée d'îles presque toutes occupées par les nations maritimes nos rivales, qui, plus prévoyantes que nous, se préparaient à une lutte politique et commerciale beaucoup moins éloignée qu'on ne le croyait alors et qu'on ne le croit généralement encore. Si cette lutte avait commencé, la *France* se serait trouvée sans moyens de défense comme sans moyens d'agression dans l'Océan Pacifique. Aux premiers bruits d'une guerre maritime, ses stations navales, privées de relâches et de ravitaillement, eussent été obligées, pour échapper aux croisières ennemies, de fuir précipitamment vers l'*Europe,* en laissant nos négociants à la merci des autorités locales (1). Mais l'*Empereur Napoléon III* paraît; sous son impulsion puissante, notre génie maritime et colonisateur, endormi se réveille, et les couleurs françaises se déploient à *Nouka-Hiva,* à la *Nouvelle-Calédonie* et en *Cochinchine,*

____

(1) Voir les rapports du capitaine Laplace.

en même temps que notre influence nous ouvre la Chine et le Japon.

Toute notre histoire prouve l'existence de ce génie maritime et colonisateur de la *France*, et si, à la fin du siècle dernier et au commencement de celui-ci, elle a perdu ses colonies, c'est que l'*Europe*, coalisée contre la *Révolution* et la personne de l'*Empereur Napoléon I*^{er}, forçait le pays à une guerre continentale qui absorbait toutes ses forces dans une lutte jusqu'alors sans exemple. Malgré cela, la *France coloniale* ne fut pas ruinée, et ses pertes ne furent pas si grandes alors que celles qu'elle subit sous le gouvernement désastreux et pusillanime de *Louis XV*. Lorsqu'en songeant à ces circonstances on nous accuse d'impéritie en matière de colonisation, et que l'on cite à tout propos l'aptitude colonisatrice de l'*Angleterre*, pourquoi ne pas se demander ce que ferait cette même *Angleterre* si l'*Europe*, en masse, se tournait contre elle? Certainement elle ne sortirait pas de l'épreuve avec les mêmes avantages que nous; d'autant plus que toutes les colonies anglaises tendent à se séparer de la mère patrie une fois qu'elles sont arrivées au degré de force nécessaire pour se suffire à elles-mêmes. En réfléchissant un peu, on voit clairement que nous possédons le génie colonisateur à un haut degré, et que la raison qui a arrêté son essor et notre puissance coloniale n'est pas un manque d'aptitude, mais la mauvaise administration de la royauté et l'*Europe* entière acharnée à notre ruine.

Puisque nous possédons les aptitudes nécessaires, nous pouvons donc coloniser. Profitons alors des grandes terres océaniennes encore inoccupées, et, avant que d'autres ne nous devancent, rendons-les *françaises*.

Mais les *Anglais*, les *Espagnols* et les *Hollandais* s'opposeront à notre installation dans l'*Océanie*, où ils dominent, et, si nous passons outre, ce sera la guerre. Non! car nous ne voulons déposséder personne ni rien changer à ce qui existe, nous voulons créer; et aujourd'hui, en pleine paix, au milieu du dix-neuvième siècle, aucune nation ne peut légalement s'opposer à ce que des *Français* viennent faire des échanges sur les côtes de *Bornéo*, de la *Papouasie* ou de l'*Australie* nord-ouest; à ce qu'ils achètent de la terre aux naturels pour y fonder un établissement purement commercial, et régénérer ces peuples par l'éducation, l'industrie et la civilisation qui doivent être les armes actuelles des nations, comme l'était jadis le canon lorsque les *Anglais*, par leur courageuse persévérance, parvinrent à fonder

l'empire des *Indes,* malgré les *Portugais* et les *Hollandais,*
ennemis bien plus redoutables alors que ne le sont aujour-
d'hui, pour nous, les *Anglais* et ces mêmes *Hollandais.* La
France ne pourrait-elle pacifiquement accomplir ce que
l'*Angleterre* fit en saturant de sang et la mer et la terre ?
Ce serait une malheureuse opinion que de ne pas affirmer
son pouvoir : car le doute enlève les forces et fait tomber
les grandes idées et les grandes choses. Du reste, ce doute
est inadmissible lorsqu'on se souvient de nos conquêtes
pacifiques du *Canada* et de nos bons rapports avec les
indigènes, qui nous aimaient, tandis qu'ils détestaient les
Anglais, qu'ils combattaient sans cesse, et de la conquête
presque pacifique des *Indes* par *Dupleix,* qui, loin de réduire
les Hindous par le fer et le feu, comme l'a toujours fait
l'*Angleterre,* les avait réduits par eux-mêmes en se faisant
par eux proclamer leur souverain.

Nous ne devons donc rencontrer aucun obstacle moral
sérieux et suffisant pour entraver notre marche. Les empêchements les plus à craindre sont ceux que la nature
oppose ; mais avec du courage, de la persévérance, de la
bonne volonté et une forte conviction, nous avons montré
qu'ils peuvent être vaincus, et qu'un jour verra le pavillon

français soit à *Bornéo*, soit à la *Nouvelle-Guinée*, soit dans les îles qui en dépendent, soit enfin en Australie.

Là nous trouverons abondance et richesse. Là nous trouverons de quoi entretenir toutes les industries anciennes qui viendront en foule soutenir les industries nouvelles que la nature du sol, le climat et les productions nous permettront de créer. Là enfin nous compléterons une ligne stratégique maritime très-forte, qui nous mettra à même de n'avoir rien à redouter dans les *Mers du Sud*. Possédant les sources de toutes les richesses commerciales, nous dominerons les nations et nous les forcerons à la paix, au sein de laquelle on trouve la prospérité. Rôle bien digne de la *France*, de son haut esprit de civilisation et de son grand souverain.

Sans les événements de la *Révolution*, du *premier Empire* et du gouvernement bâtard de *la Restauration*, ce programme serait en partie rempli : car cette idée de coloniser soit l'*Australie*, soit la *Malaisie* ou bien encore les îles habitées par les *Noirs océaniens*, se trouve chez presque tous nos grands navigateurs. D'Entrecasteaux, en 1792, baptisa lui-même la *Rivière des Cygnes* en *Australie*. Il l'explora dans l'intention d'en assurer la possession à la

France; mais celle-ci ne pouvant faire valoir ses droits à cette époque de luttes gigantesques, nos voisins les *Anglais* s'y installèrent trente-deux ans plus tard. Sous l'*Empire,* Baudin fit de même dans le sud de ce continent, et nomma *Terre Napoléon* la terre qu'il reconnut ; ayant aussi l'intention d'en assurer la possession à la *France.* Mais l'*Angleterre,* pour prévenir toute colonisation, se hâta d'annoncer le désir qu'elle avait de fonder à *Port-Philipp* un établissement pénitentiaire. Maintenant c'est la province de *Victoria* avec ses grandes villes et ses riches campagnes, c'est l'*Australia Felix !*

Aujourd'hui le gouvernement de l'Empereur a su mettre notre patrie dans une situation où on la respecte, où l'on compte avec elle ; nous pouvons donc reprendre ces grandes idées des navigateurs du commencement du siècle, les mener à bonne fin et faire de la *France* de *Napoléon III* la reine des nations.

Entourons-la de la gloire acquise en faisant le bien, changeons l'état de nature où se trouvent ces prétendus sauvages ; mais ne guérissons pas, en leur donnant les vices de la civilisation, les maux auxquels ils sont habitués ; portons-leur seulement les bienfaits de nos lumières. L'Angleterre, si intraitable pour tout ce qui touche à la traite des nègres, et jusqu'à présent leurs bras faisaient la richesse des colonies et elle veut seule en avoir de riches et puissantes, ne sent pas sa philanthropie s'émouvoir quand elle verse à flots l'opium et l'abrutissement sur un grand empire. — Les livres sterling rentrent en foule. — Elle ne s'émeut pas, cette philanthropie taillée comme une table de multiplication, quand par la destruction elle s'avance dans les terres. — Les livres sterling remplissent les coffres. — « Ne vaut-il pas mieux, s'écrie-t-elle, que ces malheureux, rebelles à toute civilisation, meurent et disparaissent par nos mains, plutôt que d'être esclaves dans les colonies rivales et de concourir à leur grandeur ? » Sublime philanthropie ! philanthropie de livres sterling, d'égoïsme et de jalousie nationale ! Philanthropie dérisoire qui, dans la carte de la province de *Victoria*, inscrit sur une vallée sauvage, inculte, nue et dépouillée au milieu d'un pays riche (1) : « *Reserve for the blacks.* » Et de ces nombreux aborigènes que reste-t-il aujourd'hui dans ce parc dont les *Anglais* n'ont même pas voulu pour leurs bœufs et leurs moutons ? Quelques individus tristes, hâves, chétifs et spectres hideux d'un peuple déjà, dans le principe, au bas de l'échelle

(1) Dans la vallée de la Yarra, dans le district de Melbourne.

sociale. C'est ainsi que la philanthropie anglaise, battant la grosse caisse de *Tabarin* dans les livres et les journaux, fait table rase autour d'elle comme un vent chargé de miasmes pestilentiels.

Si ces sauvages se sont maintenus à l'état de nature, c'est que dans leur pays, pour satisfaire à leurs besoins, la culture n'est pas absolument nécessaire comme dans nos climats du Nord; que naturellement indolents sous les brûlantes effluves du soleil des tropiques, ils se contentent des produits naturels du sol ainsi que du gibier des forêts. S'ils ont repoussé la civilisation européenne, c'est qu'à un peuple enfant elle se présentait vieille de vingt siècles, hérissée de fusils et de canons et nageant dans des flots de sang qui roulaient des cadavres mutilés.

Et cependant, comme la civilisation, dégagée des erreurs volontaires de ceux qui ne l'appliquent que dans leurs livres, et qui, dans la pratique, ne la font servir qu'à leurs besoins personnels, attire à elle ainsi que tout ce qui est beau, grand et divin, nous voyons ces mêmes sauvages, tant décriés et calomniés, l'adorer au fond de leur cœur, comprenant que les maux qu'on leur fait endurer en son nom ne viennent pas d'elle. Si vous leur demandez ce qu'ils deviennent après la mort, ils vous répondent qu'ils renaissent sous la forme d'un blanc. Pour eux, la civilisation blanche c'est le paradis ; paradis matériel, il est vrai, mais idée qui montre bien qu'instinctivement ils sentent que la civilisation est bienfaisante. *You, my brother, long time dead* (1) ! disent-ils, en le félicitant de sa longue vie à un blanc qu'ils aiment. Pauvres noirs, c'est leur croyance aujourd'hui comme autrefois celle des sauvages américains : *White fellow come, black fellows gone* (2) ; mais ils ajoutent, comme pour s'en consoler : *By and bye all black fellows white men* (3).

Faisons-les devenir blancs, sans que pour cela la mort les frappe ; venons à eux en amis, initions-les peu à peu à la civilisation et non tout d'un coup entre deux baïonnettes ; nous en ferons les enfants de notre patrie. Leur reconnaissance, puis leur intérêt les lieront fortement à la *France,* et ces peuples répondront à ses destinées et établiront sa suprématie dans l'*univers.*

La route à suivre est simple et résume en quelques mots tous les développements de cet ouvrage.

(1) Vous, mon frère, vous êtes longtemps mort.
(2) L'homme blanc est venu, les noirs sont tous partis.
(3) Petit à petit tous les noirs deviendront b'ancs.

Nous avons le génie colonisateur : colonisons !

L'*Océanie* nous tend les bras sans qu'on puisse empêcher son embrassement : répondons à son appel !

De pauvres gens souffrent au sein de l'ignorance et de la barbarie : prenons-les par la main et conduisons-les à la divine lumière de la civilisation, de la science et de l'industrie ; et, continuant l'œuvre de *Dieu*, faisons de la *France* et de son souverain un *Génie créateur*, auquel, de tous côtés, s'adresseront les cris de reconnaissance des nations s'avançant dans la vie soutenues par le PROGRÈS.

C'est ainsi que notre gloire sera impérissable : car elle sera un des reflets de celle de DIEU.

APPENDICE

Au § VI. Du Commerce.

Appendice au § VI. Du Commerce.

Pour faire encore mieux apprécier les avantages de la colonisation que je propose, je crois ne pouvoir mieux faire que de citer un rapport sur l'*Inde anglaise* et sur la *Cochinchine*, rapport que *M. Jacques Siegfried* vient d'adresser à *S. Exc. le Ministre de l'Agriculture, du Commerce et des Travaux publics*, et publié au *Moniteur* des 24 et 25 novembre 1868.

Dans ce rapport, *M. Siegfried* fait un tableau magnifique de la grande colonie anglaise ; cependant il y trouve une ombre. Pour nous, cette ombre est plus que cela : derrière ce nuage, les bruits de la guerre, les cris féroces et les appels désespérés du massacre se font entendre dans le lointain, et l'avenir, quelque belle que soit la façon dont il est présenté, n'en est pas moins triste et inquiétant pour l'*Angleterre* ainsi que pour les gens qui auraient le désir de s'y fixer définitivement.

Le climat, dit M. Siegfried, est mauvais pour les *Occidentaux ;* aussi toute personne qui va aux *Indes* ne pense qu'à faire rapidement fortune pour revenir ensuite en jouir dans sa patrie. De là donc aucun amour pour le sol. De plus, 200,000,000 d'*Indigènes* sont maintenus par à peu près 150,000 *Européens*, force tout à fait illusoire si, ce qui peut fort bien arriver, un soulèvement général avait lieu. Ce soulèvement est d'autant plus à craindre que, depuis trois cents ans que la conquête est faite, l'esprit des Indigènes est resté à peu près le même.

De là résulte forcément cette conclusion que : la possession tranquille des *Indes* n'est pas encore assurée.

Il ressort, en outre, du rapport, que la jeunesse française ferait bien de se lancer en avant dans ces régions, de s'y établir, et que de là il résulterait pour la France de grands avantages.

C'est incontestable, et les encouragements donnés par le *Gouvernement français* dans ce but lui font le plus grand honneur. Mais ces avantages ont leurs inconvénients, qui sont d'abord : l'établissement de *Français* dans un pays qui n'est pas le leur, où ils ne sont plus soumis à leurs lois, où ils sont hôtes au lieu d'être maîtres ; et ensuite: qu'une partie de leurs efforts et de leur travail est perdu pour la *France* et enrichit l'*Angleterre.*

Je ne prétends pas dire par là que nous aurions tort d'avoir des représentants et même de nombreux et riches représentants aux *Indes;* non : car, outre qu'il est bon d'avoir des débouchés ouverts partout, il est encore utile et nécessaire que nous puissions par nous-mêmes nous procurer tout ce qui peut faire l'objet du commerce d'un pays quelconque ; mais nous ne devons pas nous borner là.

Nous avons la *Cochinchine*, dont nous pouvons faire une rivale immédiate de l'*Inde.* Là doivent tendre de nombreux efforts, une initiative intelligente comme celle qui s'y est toujours montrée, et qui, jusqu'à présent, nous a donné des résultats très-satisfaisants.

Mais s'il entre dans les vues de *S. M. l'Empereur Napoléon III* de nous faire une si belle position dans l'extrême *Orient*, combien plus sommes-nous dans les mêmes idées en venant montrer la possibilité de nous établir à *Bornéo*, où le travail qui sera dépensé, où tous les efforts qui seront faits profiteront aux *Français*, à la *France*, et seront autant de coups portés à la suprématie et à l'influence anglaise !

Là, nous avons toutes les matières premières du commerce de tout l'*Orient* et d'une partie de celui de l'*Occident;* là nous dominons la *Mer des Indes*, la *Mer des Moluques*, la *Mer de la Chine et du Japon*, et le *Grand Océan;* là, enfin, nous tenons en échec l'*Inde* et l'*Australie*.

Tout en faisant bien d'être convenablement représentés aux *Indes*, nos colons sont dans un pays dont la tranquillité n'est pas sûre ; où ils défrichent la terre et la font produire pour les *Anglais*, sinon entièrement, du moins en partie; où ils fournissent la matière première aux ouvriers de *Manchester*, sans que nos ouvriers cotonniers puissent en profiter de première main : où ils augmentent l'effectif des forces anglaises pour maintenir la domination de la *Grande-Bretagne* sur les indigènes; n'est-il pas bon, puisque l'état de choses indiqué par le rapport et qui possède les inconvénients que je signale n'a pas paru mauvais, n'est-il pas bon, dis-je, de montrer que nous pouvons faire nous-mêmes à *Bornéo* ce que nous avons fait en *Cochinchine?*

A *Bornéo*, le climat est bon, l'état des populations à l'intérieur est très-favorable ; par la position qu'occupe cette île, nous commandons les deux mers : la *Mer indienne* et le *Grand-Océan;* nous relions nos colonies de *Nouka-Hiva* et de la *Nouvelle-Calédonie*, et nous posons à l'Angleterre une barrière infranchissable.

D'un autre côté, nous assurons le commerce universel, en détruisant a piraterie malaise, et nous faisons de *Bornéo* en *Océanie* le pendant bien plus riche, bien plus considérable et bien plus puissant des *Iles Britanniques* en Europe.

L'*Angleterre* possède l'*Angleterre indienne* et l'*Angleterre australe*, pourquoi la *France* n'aurait-elle pas la *France océanienne* ?

L'initiative ne manque pas dans notre pays, c'est l'idée de ces choses qui n'est pas encore mûre. Fortifions-la, encourageons-la, et nous réussirons.

FIN

TABLE DES MATIÈRES

TABLE DES MATIÈRES

3751 PARIS. — TYPOGRAPHIE MORRIS ET COMP., RUE AMELOT, 64.